As Mãos
Inteligentes

O autor

Juhani Pallasmaa é um dos arquitetos e teóricos da arquitetura mais renomados da Finlândia. Entre seus cargos prévios, estão: Reitor do Instituto de Artes Industriais de Helsinque, Diretor do Museu de Arquitetura Finlandesa de Helsinque, Professor e Decano da Faculdade de Arquitetura da Universidade de Tecnologia de Helsinque. Ele também foi professor convidado em várias universidades do mundo. Pallasmaa é o autor ou editor de 24 livros, incluindo *Os Olhos da Pele: A Arquitetura e os Sentidos* (Bookman, 2011) e *A Imagem Corporificada* (Bookman, 2013).

P164m Pallasmaa, Juhani.
        As mãos inteligentes : a sabedoria existencial e corporalizada na arquitetura / Juhani Pallasmaa ; tradução: Alexandre Salvaterra. – Porto Alegre : Bookman, 2013.
        160 p. : il. color. ; 23 cm.

        ISBN 978-85-7780-919-6

        1. Arquitetura. I. Título.

CDU 72

Catalogação na publicação: Ana Paula M. Magnus – CRB 10/2052

JUHANI PALLASMAA

As Mãos Inteligentes
A Sabedoria Existencial e Corporalizada na Arquitetura

Tradução
Alexandre Salvaterra
Arquiteto e Urbanista pela Universidade Federal do Rio Grande do Sul

2013

Obra originalmente publicada sob o título
The Thinking Hand
ISBN 9780470779286 / 0470779284

Original edition copyright©2009 John Wiley & Sons Ltd.

All Rights Reserved. Authorised translation from the English language edition published by John Wiley & Sons Limited. Responsibility for the accuracy of the translation rests soley with Grupo A Educação S.A. and is not the responsibility of John Wiley & Sons Limited. No part of this book may be reproduced in any form without the written permission of the original copyright holder, John Wiley & Sons Limited.

Gerente editorial: *Arysinha Jacques Affonso*

Colaboraram nesta edição:

Coordenadora editorial: *Denise Weber Nowaczyk*

Capa: *Rogério Grilho* (arte sobre capa original)

Imagem da capa: *cortesia de Bridgeman Art Library ©DACS 2008*

Leitura final: *Carla Sanceverino*

Editoração: *Techbooks*

Reservados todos os direitos de publicação, em língua portuguesa, à
BOOKMAN EDITORA LTDA., uma empresa do GRUPO A EDUCAÇÃO S.A.
Av. Jerônimo de Ornelas, 670 – Santana
90040-340 – Porto Alegre – RS
Fone: (51) 3027-7000   Fax: (51) 3027-7070

É proibida a duplicação ou reprodução deste volume, no todo ou em parte, sob quaisquer formas ou por quaisquer meios (eletrônico, mecânico, gravação, fotocópia, distribuição na Web e outros), sem permissão expressa da Editora.

Unidade São Paulo
Av. Embaixador Macedo Soares, 10.735 – Pavilhão 5 – Cond. Espace Center
Vila Anastácio – 05095-035 – São Paulo – SP
Fone: (11) 3665-1100   Fax: (11) 3667-1333

SAC 0800 703-3444 – www.grupoa.com.br

IMPRESSO NO BRASIL
PRINTED IN BRAZIL

Agradecimentos

O manuscrito de *As Mãos Inteligentes* se baseia em ideias e formulações desenvolvidas em muitas de minhas palestras do passado. Estes contextos anteriores incluem: "Lived space: embodied experience and sensory thought" (Copenhague, 1999); "Touching the world: lived space, vision and hapticity" (Barcelona, 2007); "Space, place, memory and imagination: the temporal dimension of existential space" (Berkeley, 2007); "Artistic generosity, humility and expression: reality sense and idealization in architecture" (Montreal, 2007); "Matter, hapticity and time: language of matter and material imagination" (Almagro, 2007); e "Selfhood and the world: lived space, vision and hapticity" (Viena, 2008).

A introdução desta obra se baseia, em parte, nos temas abordados em minha contribuição a um simpósio de literatura organizado pela Sociedade de Filosofia da Educação da Australásia em 2007 que discutiu algumas questões do livro de Marjorie O'Loughlin, *Embodiment and Education: Exploring Creatural Existence* [Springer Dordrecht, 2006].

Confesso que a cada dia aumentam o meu interesse e respeito pelos temas da historicidade e do acúmulo coletivo de conhecimentos. Como reflexo desta postura, venho substituindo minhas formulações pessoais de ideias por citações de textos escritos por outros sempre que encontro tais ideias nos livros que leio.

Gostaria de mencionar em especial a importância de dois livros que li por acaso enquanto compilava materiais e temas para este texto. Baseei-me muito no livro de Frank R. Wilson, *The Hand: How Its Use Shapes the Brain, Language, and Human Culture*, quanto aos fatos da anatomia e da neurologia. Gostaria de lembrar ao leitor que minha formação e experiência profissionais são de um arquiteto. O livro recente de Richard Sennett, *The Craftsman*, ofereceu um suporte valioso às minhas opiniões sobre a essência do trabalho artesanal.

Permitam-me agradecer aos assistentes que tenho no meu escritório de arquitetura em Helsinque – Marita Vehman, Arja Riihimäki, Senay Getachew e Philip Tidwell – por todo o auxílio ao longo do processo de elaboração deste livro.

Agradeço em especial a Helen Castle, Editora Executiva de Contratos da John Wiley & Sons, por seus valiosos comentários e sugestões oferecidos nas diversas versões do manuscrito. Também gostaria de agradecer a Miriam Swift e a Françoise Vaslin pelos trabalhos de supervisão e edição do texto, projeto gráfico e impressão do livro; a Abigail Grater, por seus conhecimentos e sua edição cuidadosa; a Caroline Ellerby, por toda a pesquisa de imagens; e a Calver Lezama, por sua assistência em geral.

Um grande abraço,
Juhani Pallasmaa

Sumário

Introdução 11

Capítulo 1
As Mãos Misteriosas............................ 27

As essências múltiplas das mãos........................... 27
O que são as mãos?...................................... 32
Mãos, olhos, cérebro e linguagem......................... 35
As mãos como símbolos 40
Os gestos com as mãos 43
As linguagens das mãos 45

Capítulo 2
As Mãos Trabalhadoras 49

As mãos e as ferramentas................................. 49
As mãos dos artesãos 52
O trabalho artesanal feito em colaboração.................. 61
A arquitetura como trabalho artesanal...................... 66

Capítulo 3
A Fusão entre Mãos, Olhos e Mente 73

A experimentação e a arte do jogo 73
A habilidade e o tédio 81
Olhos, mãos e mente. 84

Capítulo 4
As Mãos Desenhistas 91

O desenho e a identidade pessoal 91
A tatilidade do desenho 93
As mãos informatizadas 97
A primazia do toque: a tatilidade da
imagem própria de uma pessoa. 102
O toque inconsciente na experiência da arte 104

Capítulo 5
O Pensamento Corporificado 109

A fusão criativa 109
O trabalho do pensamento: o valor da incerteza 111
Resistência, tradição e liberdade 114
O pensamento por meio dos sentidos 116
A memória e o pensamento corporificados 119
O conhecimento existencial 121

Capítulo 6
O Corpo, a Identidade Pessoal e a Mente 127

O corpo como terreno. 127
O mundo e a identidade pessoal 128
O mundo e a mente 130
O espaço existencial na arte. 132

Capítulo 7
Emoção e Imaginação 135

A realidade da imaginação. 135
O dom da imaginação. 137
A realidade da arte. 139
Arte e emoção. 141
A experiência artística como uma troca. 141
Teoria e prática 145

Capítulo 8
Teoria e Vida. 145

A oposição entre a teoria e a prática. 147
A arquitetura como imagem da vida. 151
A função da arte 152

Índice. 157

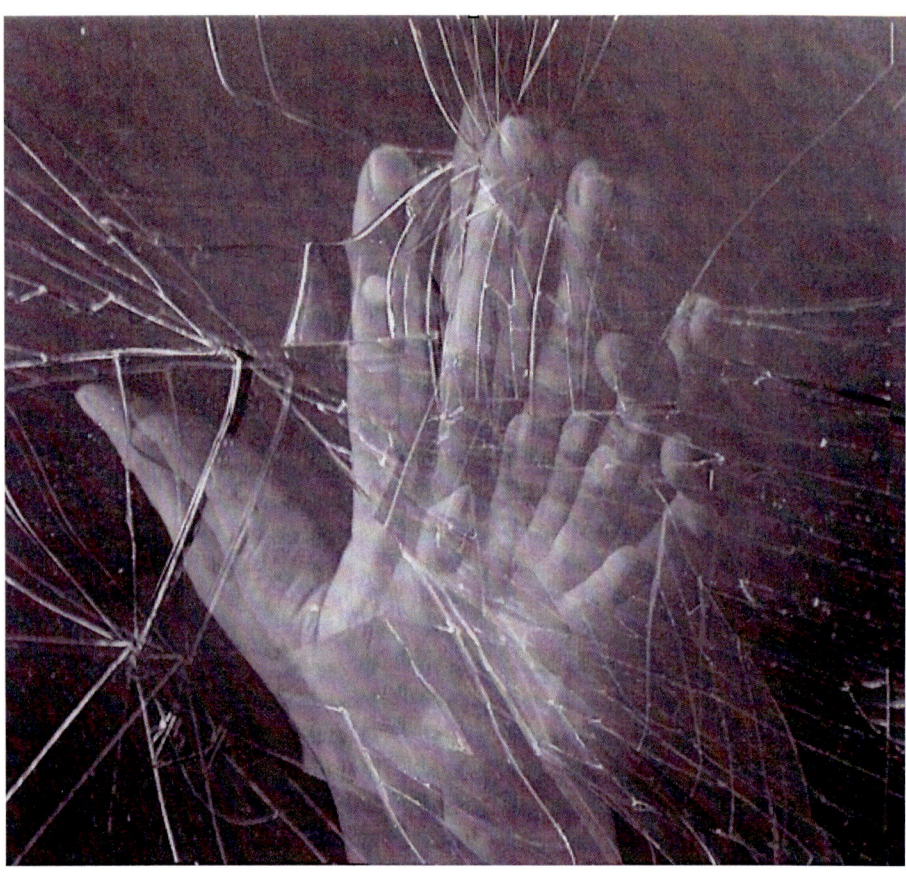

As mãos fazem parte da personalidade e do caráter de um indivíduo, mas elas também desempenham ações independentes e são cruciais à comunicação humana, pois têm sua linguagem própria. Matteo Zambelli, *Você é Mais de Um* (2006). Colagem feita com o uso do Photoshop 7.0.
O processo de elaboração da colagem:
1. Deixei cair no chão uma chapa de vidro retangular que estava dentro de um envelope, lançando-a do terceiro pavimento de minha casa. Depois disso, pus cada um dos cacos de vidro sobre uma mesa de vidro, onde reconstruí a vidraça original retangular, agora despedaçada.
2. Pedi a meus pais e a alguns familiares que pusessem sua mão esquerda ou direita sobre os cacos de vidro e tirei várias fotografias.
3. Baixei as fotografias em meu computador e as reuni usando o programa Photoshop 7.0. Ao reunir as fotos, nem sempre usei as mãos inteiras – algumas das imagens apresentavam apenas um ou dois pormenores de uma mão, outras foram duplicadas e tiradas de foco. Criei vários *layers* para cada fragmento de mão, os sobrepus, utilizando diferentes gradientes de transparência, e fundi todas as imagens para gerar a fotografia final.

Introdução
A Existência Corporificada e o Pensamento Sensorial

> "Em suma, o que proponho é que a psicologia de um ser humano maduro é um processo emergente, oscilatório, em espiral e que se revela aos poucos e é marcado pela subordinação de sistemas comportamentais mais antigos e de ordem inferior a sistemas mais novos e de ordem superior, à medida que mudam os problemas existenciais do homem."
>
> Clare W. Graves[1]

A cultura consumista ocidental continua projetando uma postura dualista em relação ao corpo humano. Por um lado, temos um culto excessivamente estetizado e erotizado do corpo. Contudo, por outro, a inteligência e a criatividade também são celebradas como se fossem qualidades individuais totalmente separadas, ou mesmo exclusivas. Em ambos os casos, corpo e mente são entendidos como entidades desvinculadas, ou seja, que não constituem uma unidade integrada. Esta separação se reflete na rígida divisão das atividades humanas e do trabalho nas categorias física e intelectual. O corpo é considerado como o meio da identidade e autopreservação, além de ser um instrumento de apelo social e sexual. Sua importância é entendida meramente em termos de sua essência física e fisiológica, embora seu papel como o próprio campo da existência e do conhecimento corporificados, bem como a compreensão plena da condição humana sejam subestimados e negligenciados.[2]

Esta divisão entre corpo e mente tem, é claro, suas bases sólidas na história da filosofia ocidental. Lamentavelmente, as pedagogias e práticas educacionais prevalecentes também continuam a separar as habilidades mentais, intelectuais e emocionais dos sentidos e das dimensões múltiplas da corporificação humana. As práticas de ensino geralmente proporcionam algum treinamento físico para o corpo, mas não reconhecem nossa essência fundamentalmente corpórea e holística. O corpo é abordado nos esportes e na dança, por exemplo, e os sentidos são diretamente reconhecidos como relacionados com o ensino das artes e da música, mas nossa existência corpórea raramente é identificada como a verdadeira base de nossa interação e integração com o mundo ou de nosso autoconhecimento ou nossa consciência. O treinamento das mãos é oferecido em cursos que ensinam as habilidades básicas necessárias ao trabalho artesanal, porém o papel fundamental das mãos na evolução e nas diferentes manifestações da inteligência humana não é reconhecido. Ou seja, os princípios educacionais que prevalecem na atualidade não conseguem compreender a essência indeterminada, dinâmica e sensualmente integrada da existência, do pensamento e da ação humana.

Na verdade, é razoável pressupor que antes do advento de nossa atual cultura industrial, mecanicista e materialista, as situações da vida cotidiana e os processos de amadurecimento e educação ofereciam uma base experimental mais completa para o crescimento e o aprendizado do ser humano, devido à sua interação direta com o mundo natural e suas complexas relações de causa e efeito. Nos estilos de vida anteriores, o contato íntimo com o trabalho, a produção, os materiais, o clima e os fenômenos extremamente dinâmicos da natureza ofereciam uma ampla interação sensorial com o mundo das casualidades físicas. Também suponho que os vínculos sociais e familiares mais fortes, além da presença dos animais domésticos, ofereciam mais experiências para o desenvolvimento de um senso de empatia e compaixão do que temos no mundo da vida individualizada e molecularizada de hoje.

Introdução   **13**

Passei os primeiros anos de minha infância na pequena fazenda de meu avô, no centro da Finlândia, e com a maturidade cada vez mais tem aumentado minha gratidão com a riqueza desta vida rural do final das décadas de 1930 e 1940, pois ela me proporcionou o entendimento da minha própria existência corpórea e das independências essenciais dos aspectos mentais e físicos do dia a dia. Hoje acredito que até mesmo o senso estético de uma pessoa e seus julgamentos éticos estejam firmemente arraigados nas primeiras experiências com a natureza integrada do mundo da vida humana. A beleza não é uma qualidade estática desvinculada; a experiência do que é belo advém da compreensão das relações causais inquestionáveis e das interdependências da vida.

Em nossa era de produção industrial em massa, consumo surreal, comunicação eufórica e ambientes digitais fictícios, continuamos a viver em nossos corpos da mesma maneira que habitamos nossas casas, pois infelizmente esquecemos que, na verdade, não vivemos em nossos corpos, mas nós próprios somos entidades corpóreas. A corporificação não é uma experiência secundária; a existência humana é fundamentalmente uma condição corpórea. Hoje, nossos sentidos e corpos são objetos de incessante manipulação e exploração comercial. Beleza física, força, juventude e virilidade são adoradas nas esferas dos valores sociais, da publicidade e do entretenimento. Caso não tenhamos as qualidades físicas ideais, nossos corpos são voltados contra nós como causas de desapontamento e culpa profundos. Com uma frequência cada vez mais frenética, todos os nossos sentidos são explorados pela manipulação dos consumidores. Contudo, ao mesmo tempo, são exatamente os mesmos sentidos que permanecem menosprezados como pré-requisitos de nossa condição existencial ou nossos objetivos educacionais. Podemos até ter rejeitado filosoficamente a dualidade cartesiana de corpo e mente, mas o cisma continua a dominar nas práticas culturais, educacionais e sociais.

É realmente trágico que em uma época na qual as nossas tecnologias oferecem uma percepção multidimensional do mundo e de nós próprios, tenhamos de deixar nossa consciência e nossas capacidades relegadas a um mundo euclidiano do passado. Não pretendo me estender em imagens nostálgicas de um passado acadiano ou representar uma visão conservadora do desenvolvimento da cultura. Apenas quero lembrar a mim próprio e a meus leitores os pontos cegos muito evidentes do entendimento dominante da nossa própria historicidade como seres biológicos e culturais.

A consciência humana é uma consciência corpórea; o mundo se estrutura em torno de um centro corpóreo e sensorial. "Eu sou meu corpo", afirma Gabriel Marcel[3]; "Eu sou o que está ao meu redor", diz Wallace Stevens[4]; "Eu sou o espaço onde estou", determina Noël Arnaud[5]; e, por fim, "Eu sou meu mundo", conclui Ludwig Wittgenstein[6].

Estamos conectados com o mundo por meio de nossos sentidos. Os sentidos não são meros receptores passivos de estímulos, e o corpo não é apenas um ponto de observação do mundo em uma perspectiva centralizada. Nem é a cabeça o único lugar do pensamento cognitivo, uma vez que nossos sentidos e toda nossa existência corpórea estruturam, produzem e armazenam diretamente conhecimentos existenciais silenciosos. O corpo humano é uma entidade sábia. Todo o nosso ser neste mundo é um modo sensorial e corporificado de ser, e é exatamente este senso de ser que constitui a base do conhecimento existencial. "[A] compreensão não é um estado que chega à realidade humana vinda do exterior; ela é uma maneira característica de existir", como afirma Jean-Paul Sartre[7].

O conhecimento existencial fundamental não é um conhecimento principalmente moldado por palavras, conceitos e teorias. Apenas nas interações entre seres humanos, se estima que 80% da comunicação ocorra fora dos canais verbais e conceituais. A comunicação humana se dá até mesmo em um nível químico; as glândulas endócrinas no passado eram vistas como um sistema absolutamente fechado do corpo humano, apenas indiretamente relacionado com o mundo externo. Contudo, os experimentos conduzidos por A. S. Parker e H. M. Bruce mostram que reguladores químicos, como substâncias odoríferas, atuam diretamente sobre a química corporal dos outros organismos, condicionando o comportamento.[8]

O conhecimento e as habilidades práticas das sociedades tradicionais residem diretamente nos sentidos e músculos, nas mãos sábias e inteligentes, e estão diretamente incorporados e codificados nos contextos e nas situações da vida. De acordo com o argumento de Sartre, nascemos

A consciência humana é uma consciência corporificada, e estamos conectados com o mundo por meio de nossos sentidos. Nossas mãos e todo o nosso corpo possuem habilidades e conhecimentos corporificados. Gjon Mili, *O bateirista Gene Krupa tocando no estúdio de Gjon Mili*, 1941.

para o mundo, o qual, em si próprio, é a fonte mais importante de conhecimentos para nós.[9] Em seu instigante livro, *Philosophy in the Flesh*, George Lakoff e Mark Johnson ressaltam que até mesmo os atos cotidianos e as escolhas do dia a dia requerem um entendimento filosófico; devemos ter a capacidade de encontrar o sentido em nossas próprias vidas nas incontáveis situações que enfrentamos constantemente. Os filósofos argumentam:

> Viver como ser humano é um esforço filosófico. Todo pensamento que temos, toda decisão que tomamos, todo ato que realizamos se baseia em pressupostos filosóficos tão numerosos que seria impossível listar todos eles [...] Ainda que apenas ocasionalmente estejamos cientes do fato, todos somos metafísicos – não no sentido de uma torre de mármore, mas como

> parte de nossa capacidade cotidiana de encontrar sentido em nossas experiências. É por meio de nossos sistemas conceituais que podemos encontrar sentido em nossa vida cotidiana, e nossa metafísica cotidiana está incorporada em tais sistemas conceituais.[10]

O aprendizado de uma habilidade prática não se baseia principalmente no ensino verbal, e sim na transferência de uma habilidade dos músculos do professor diretamente aos músculos do aprendiz, por meio do ato da percepção sensorial e da mimese corporal. Esta capacidade de aprendizado mimético atualmente é atribuída aos neurônios-espelho do ser humano.[11] O mesmo princípio de corporificar – ou introjetar, se quisermos utilizar um termo da teoria psicanalítica – conhecimentos e habilidades práticas ainda permanece como sendo o núcleo do aprendizado artístico. Da mesma maneira, a principal habilidade do arquiteto é transformar a essência multidimensional do ato de projetar em sensações e imagens corporificadas e vivenciadas. Em determinado momento, toda a personalidade e o corpo do projetista se tornam o próprio terreno do desafio de projeto, e a tarefa passa a ser vivenciada, em vez de entendida. As ideias de arquitetura surgem "biologicamente" de conhecimentos existenciais vividos e não conceitualizados; não são meras análises e atividades intelectuais. Os problemas de arquitetura são, na verdade, muito mais complexos e profundamente existenciais para que possam ser trabalhados de uma maneira somente conceitual e racional. Ideias ou respostas de arquitetura profundas também não são invenções individuais *ex nihilo*; elas estão inseridas na realidade vivenciada da própria tarefa e nas antiquíssimas tradições do ofício. O papel deste entendimento essencial, inconsciente, situacional e tácito do corpo na produção da arquitetura é extremamente subestimado na cultura atual da falsa racionalidade e da autoconsciência arrogante.

Até mesmo os arquitetos exímios não inventam as realidades da arquitetura. Na verdade, eles revelam o que já existe e quais são os potenciais naturais das condições dadas ou aquilo que a situação específica exige. Álvaro Siza, um dos arquitetos de nossa época que possui a maior capacidade de combinar o senso da tradição com uma expressão pessoal única, é enfático: "Os arquitetos não inventam nada, eles transformam a realidade".[12] Jean Renoir expressa a mesma ideia de humildade artística no cinema de maneira um pouco diferente: "O diretor não é um criador,

Introdução **17**

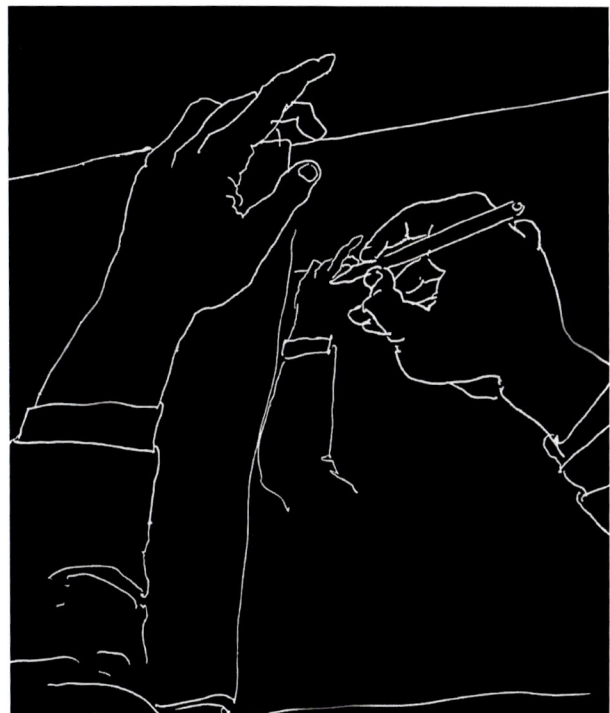

As mãos têm seus próprios sonhos e pressupostos, como observa Gaston Bachelard. Álvaro Siza, O *Arquiteto Esboçando*.

mas uma parteira. Sua tarefa é ajudar o ator a dar luz a uma criança que ele não havia se dado conta de estar carregando dentro de si", confessa em suas memórias autobiográficas.[13] A arquitetura também é um produto das mãos sábias. As mãos tomam a dimensão física e material do pensamento e as tornam em uma imagem concreta.

Ao longo dos árduos processos de projeto, as mãos frequentemente assumem as rédeas na investigação de uma visão, de uma vaga suspeita que em determinado momento se transforme em um esboço, uma materialização de uma ideia.

O lápis na mão de um arquiteto é uma ponte entre a mente que imagina e a imagem que surge na folha de papel; quando absorto em seu trabalho, o desenhista técnico esquece tanto sua mão como o lápis, e a imagem emerge como se fosse uma projeção automática da mente que imagina. Ou, quem sabe, é a mão que efetivamente imagina, já que ela existe em carne e osso no mundo, na realidade do espaço, do tempo e da matéria, a mesma condição física do objeto imaginado.

Martin Heidegger relaciona as mãos diretamente com a capacidade humana de pensar: "A essência das mãos jamais pode ser determinada ou explicada como sendo um órgão que pode pegar as coisas [...] Todo o movimento das mãos, em cada uma de suas tarefas, se dá por meio do pensamento, todo o direcionamento das mãos se baseia naquele elemento [...].[14] Gaston Bachelard escreve sobre a imaginação das mãos: "Até mesmo as mãos têm seus sonhos e pressupostos. Elas nos ajudam a entender a mais profunda essência da matéria. É por isso que elas também nos ajudam a imaginar [formas da] matéria.[15] A capacidade de imaginar, liberar-se dos limites da matéria, do lugar e do tempo deve ser considerada como a mais humana de todas as nossas qualidades. Tanto a criatividade como o julgamento ético exigem a imaginação. Todavia, é evidente que a capacidade de imaginação não se esconde apenas em nossos cérebros, uma vez que toda a nossa constituição corporal tem suas fantasias, seus desejos e sonhos.

Todos os nossos sentidos "pensam" e estruturam nossas relações com o mundo, embora geralmente não estejamos cientes desta atividade perpétua. Normalmente supomos que os conhecimentos residam em conceitos verbalizados, mas qualquer entendimento de uma situação da vida e uma reação significativa a ela pode – e na verdade deveria – ser considerada como conhecimento. Em minha opinião, o modo sensorial e corporificado de pensamento é particularmente essencial em todos os fenômenos artísticos e trabalhos de criação. A famosa descrição feita por Albert Einstein em uma carta ao matemático francês Jacques Hadamard sobre o papel das imagens visuais e musculares em seus processos de pensamento nos campos da matemática e da física também oferece um exemplo extraordinário do pensamento corporificado:

> As palavras ou a linguagem, quando lidas ou faladas, não parecem desempenhar qualquer papel em meu mecanismo de pensamento. As entidades físicas que parecem servir como elementos no pensamento são certos signos e imagens mais ou menos claras que podem ser "voluntariamente" reproduzidas e combinadas. [...] Os elementos mencionados anteriormente são, em meu caso, do tipo visual, embora alguns sejam do tipo

O gabinete de Albert Einstein, com um quadro negro.

muscular. Palavras convencionais ou outros signos apenas precisam ser trabalhosamente buscados em uma etapa secundária, quando os jogos de associação mencionados já estão suficientemente estabelecidos e podem ser reproduzidos à vontade.[16]

Também é evidente que um fator emocional e estético, além da identificação pessoal corporalizada, é tão essencial à criatividade científica quanto à produção e experimentação da arte. Henry Moore, um dos maiores escultores da era moderna, enfatiza a identificação corporal e o entendimento simultâneo de vários pontos de vista na obra de um escultor:

> [O escultor] deve se esforçar continuamente para pensar e usar a forma em sua absoluta totalidade espacial. É como se ele pegasse a forma sólida dentro de sua cabeça – ele pensa nela, não importa seu tamanho, como se estivesse segurando-a totalmente na palma de sua mão. Ele visualiza mentalmente uma forma complexa em todos os seus lados; ele sabe, ao olhar de um lado, como é o outro; ele se identifica com seu centro de gravidade, sua massa, seu peso; ele percebe o volume e o espaço que a forma desloca no ar.[17]

Todas as formas de arte – como a escultura, a pintura, a música, o cinema e a arquitetura – são modos específicos de pensar. Elas representam formas de pensamento sensorial e corporificado característicos de cada meio artístico. Estes modos de pensar são imagens das mãos e do corpo e exemplificam conhecimentos existenciais essenciais. Em vez de ser uma mera estetização visual, a arquitetura, por exemplo, é um modo de fazer filosofia existencial e metafísica por meio do espaço, da estrutura, da matéria, da gravidade e da luz. A arquitetura profunda não apenas torna belos os contextos de habitação: grandes edificações articulam as experiências de nossa própria existência.

Salman Rushdie ressalta que na experiência da arte ocorre um esmaecimento distinto das fronteiras entre o mundo e a identidade pessoal: "A literatura é feita nos limites entre a identidade pessoal e o mundo, e durante o ato criativo esta fronteira diminui, torna-se penetrável e permite que o mundo flua para dentro do artista e artista flua para dentro do mundo".[18] Este esmaecimento dos limites existenciais, a fusão entre o mundo e a identidade própria, o objeto e o sujeito, ocorre em todas as experiências e obras de arte significativas.

O trabalho criativo exige uma perspectiva dupla: é preciso focar simultaneamente no mundo e em si próprio, no espaço externo e no espaço mental interno do indivíduo. Toda obra de arte articula os limites entre a individualidade e o mundo, tanto na experiência do artista como na do observador, ouvinte ou usuário. Neste sentido, a forma de arte chamada

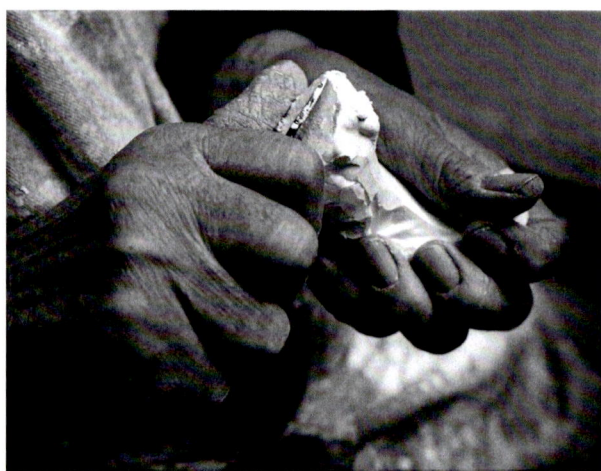

As mãos de um grande escultor: Henry Moore em seu ateliê, no final da década de 1970.

de arquitetura não apenas oferece abrigo para o corpo, mas também redefine os contornos de nossa consciência e é uma verdadeira externalização de nossas mentes. A arquitetura, assim como o mundo inteiro construído pelo homem por meio de suas cidades, casas, ferramentas e objetos, tem seu correspondente e sua base mentais. À medida que construímos nosso mundo autônomo, construímos projeções e metáforas de nossas próprias paisagens mentais. Moramos na paisagem e a paisagem mora dentro de nós. Uma paisagem ferida pela intervenção humana, a fragmentação da paisagem urbana, bem como pelas edificações insensíveis, são evidências externas e materializadas de uma alienação e fragmentação do espaço interno humano ou *Weltinnenraum*, se quisermos empregar uma bela expressão de Rainer Maria Rilke.[19]

Até mesmo na cultura tecnológica de nossos dias, o conhecimento existencial mais importante da vida cotidiana não reside em teorias e explicações desvinculadas, mas é um conhecimento silencioso, além do limiar da consciência, que está mesclado com as situações diárias dos ambientes e comportamentos. O poeta também fala de encontros no "limiar do ser", como ressalta Gaston Bachelard.[20] A arte nos guia a este "limiar", e pesquisa as esferas biológica e inconsciente do corpo e da mente. Ao fazê-lo, ela mantém as conexões vitais com nosso passado biológico e cultural, o solo da genética e dos conhecimentos mitológicos. Consequentemente, a dimensão temporal da arte aponta para o passado, e não para o futuro; as obras de arte e arquitetura significativas mantêm as raízes e tradições em vez de inventarem ou serem desarraigadas. No entanto, a obsessão atual com a unicidade e a novidade tem afetado nosso julgamento dos fenômenos artísticos. As obras de arte ou edificações radicais sem dúvida parecem ser rupturas ou descontinuidades das convenções, mas, ao mesmo tempo e em um nível mais além, todas as obras de arte profundas reforçam a percepção e o entendimento da historicidade e continuidade bioculturais da humanidade. As revoluções na história da arte sempre implicam uma reconexão com as tendências invisíveis do universo e da mente humana.

O dever da educação é cultivar e oferecer suporte às habilidades humanas da imaginação e empatia, mas os valores prevalecentes da cultura atual tendem a desencorajar a fantasia, suprimir os sentidos e petrificar os limites entre o mundo e a identidade pessoal. Consequentemente, o ensino em todos os campos de criatividade de nossa época tem de começar com o questionamento do absolutismo do mundo em que vivemos e com o resgate da percepção sensorial dos limites da identidade pessoal. O principal objetivo da educação artística talvez não resida diretamente nos princípios da produção da arte, mas na emancipação e abertura da personalidade do aluno, de seu autoconhecimento e de sua autoimagem em relação às tradições incrivelmente ricas da arte e do mundo em que vivemos em geral.

É evidente que urge uma mudança no ensino em relação à importância da esfera sensorial, para que possamos nos redescobrir como seres físicos e mentais completos, para que possamos utilizar de modo integral nossas capacidades e nos tornemos menos vulneráveis à manipulação e exploração. Nas palavras do filósofo Michel Serres, "se uma revolta está por vir, ela terá de vir dos cinco sentidos".[21] A inteligência, o raciocínio e as habilidades manuais também precisam ser redescobertas. E, o que é ainda mais importante, o entendimento completo e sem preconceitos da existência humana corpórea é o pré-requisito para uma vida digna.

—

Em 1995, escrevi o livro *The Eyes of the Skin: Architecture and the Senses* (Academy Editions, London, 1996), que foi republicado pela John Wiley & Sons, Chichester, em 2005, com um novo formato ilustrado e prefácio de Steven Holl.* A obra é uma crítica do predomínio do sentido da visão na cultura tecnológica atual e na arquitetura contemporânea, bem como um apelo geral por uma abordagem multissensorial na arquitetura e nas artes em geral.

Um ano atrás, Helen Castle, Editora Executiva de Contratos da John Wiley & Sons, pediu-me que escrevesse um livro para sua nova série *AD Primers* que fosse uma continuação das ideias sobre corporificação humana sugeridas em *The Eyes of the Skin*. Apresentei meia dúzia de ensaios e

---

* N. de T.: Obra publicada pela Editora Bookman sob o título de *Os Olhos da Pele: A Arquitetura e os Sentidos* (Porto Alegre, 2011).

palestras que havia feito recentemente, e me foi sugerido um livro que se desenvolveria a partir do conceito do *The Thinking Hand*, o título de um dos capítulos de tais ensaios.

A obra que você tem em mãos analisa a essência das mãos e seu papel fundamental na evolução das habilidades, da inteligência e das capacidades conceituais dos seres humanos. Como justificarei – com o apoio de muitos outros escritores – as mãos não são meros executores fiéis e passivos das intenções do cérebro: elas possuem suas próprias intenções, seus conhecimentos e suas habilidades. O estudo da importância das mãos será expandido para incluir a importância mais geral da corporificação da existência humana e das obras que exigem criatividade.

Este livro enfatiza os processos relativamente autônomos e inconscientes de pensar e trabalhar na literatura, no trabalho artesanal e produção da arte ou arquitetura. O livro resultante é bastante diferente da minha ideia inicial em consequência tanto do próprio processo de sua própria redação como de minhas pesquisas subsequentes na literatura, que resultaram em capítulos, preocupações e ideias que eu sequer suspeitava antes de mergulhar neste projeto. De certo modo, o ato de escrever este pequeno livro comprovou diretamente a tese que apresentarei no texto a seguir.

A maior parte dos exemplos e das citações deste livro advém da pintura, escultura e literatura, mas, devido ao meu próprio histórico profissional, o foco será as questões relativas à arquitetura. Para mim, é mais fácil e mais eficiente explicar os fenômenos da arte da arquitetura por meio das outras formas de arte. "Todos os pintores e poetas são fenomenologistas natos", sugere J. H. van den Berg[22]. Esta observação implica que todos os artistas analisam a essência das coisas. Além disso, todas as artes surgem de uma base comum; todas são expressões da condição existencial humana.

O título do livro, *As Mãos Inteligentes*, é uma metáfora para os papéis independentes e ativos característicos de todos os nossos sentidos ao explorar constantemente o mundo em que vivemos. A linha de apoio – *A Sabedoria Existencial e Corporalizada na Arquitetura* – se refere ao outro conhecimento: o entendimento tácito que se encontra oculto na condição existencial humana e o nosso modo específico de ser e experimentar por meio de nossos corpos. Muitas de nossas habilidades mais cruciais à existência são internalizadas como reações automáticas além de nossa percepção e intencionalidade conscientes. Raramente estamos cientes dos processos metabólicos incrivelmente complexos e automáticos, por exemplo, sem os quais não conseguiríamos sobreviver sequer uma fração de segundo. Até mesmo no caso das habilidades adquiridas, a sequência complexa de movimentos e relações espaciais e temporais envolvidas na execução de uma tarefa é inconscientemente internalizada e corporificada, em vez de ser compreendida e lembrada intelectualmente.

As filosofias educacionais prevalecentes lamentavelmente continuam a enfatizar e a valorizar os conhecimentos conceituais, intelectuais e verbais em detrimento da sabedoria tácita e não conceitual de nossos processos de corporificação. Esta postura continua, a despeito de todas as evidências trágicas deste preconceito catastrófico atualmente criado pelos argumentos filosóficos e avanços e descobertas recentes na neurologia e na ciência da cognição. O objetivo deste livro é ajudar a abalar as fundações deste paradigma errôneo e nocivo na esfera da arquitetura.

Referências

1 Citado em Leon van Schaik, *Spatial Intelligence*: New Future for Architecture, John Wiley & Sons (Chichester), p. 178. Clare W. Graves (1914–86) foi uma psicóloga norte-americana.
2 O psicólogo Howard Gardner promoveu a ideia das inteligências múltiplas, sugerindo que há sete inteligências humanas distintas: *linguística, lógico-matemática, musical, corporal-cinestética, espacial, interpessoal e intrapessoal*. Posteriormente, ele considerou outras três categorias de inteligência – *naturalista, espiritual e existencial* – e chegou a discutir a possiblidade da categoria da *inteligência moral* (Howard Gardner, *Intelligence Reframed*: Multiple Intelligences for the 21st Century, Basic Books (New York), 1999, p. 41–3, 47 e 66). Outros autores têm defendido vigorosamente a existência de uma *inteligência emocional*.
3 Citado em "Translators' introduction" (Hubert L Dreyfus e Patricia Allen Dreyfus), Maurice Merleau-Ponty, *Sense and Non-Sense*, Northwestern University Press (Evanston, Illinois), 1964, p. XII.
4 Wallace Stevens, "Theory", in *The Collected Poems*, Vintage Books (New York), 1990, p. 86.
5 Citado em Gaston Bachelard, *The Poetics of Space*, Beacon Press (Boston, Massachusetts), 1969, p. 137.
6 Ludwig Wittgenstein, *Tractatus Logico-Philosophicus eli Loogis-filosofinen tutkielma*, Werner Söderström (Porvoo and Helsinki), 1972, p. 68 (proposition 5.63) (tradução de Juhani Pallasmaa).
7 Jean-Paul Sartre, *The Emotions: Outline of a Theory*, Carol Publishing Co (New York), 1993, p. 9.
8 Quanto à bioquímica das superpopulações, veja Edward T. Hall, *The Hidden Dimension*, Anchor Books/Doubleday (New York, London, Toronto, Sydney and Auckland), 1966, p. 32–40.
9 O entendimento geral é que as crianças vêm ao mundo completamente ignorantes. Contudo, de acordo com a psicologia cognitiva atual, isso é um equívoco grosseiro. "Hoje sabemos que os bebês sabem mais sobre o mundo do que jamais imaginamos possível imaginar. Eles têm ideias sobre outros seres humanos, sobre os objetos e o mundo – desde o dia em que vêm à luz. E estas ideias são bastante complexas, não são apenas reflexos ou respostas a sensações [...] Os recém-nascidos têm uma teoria inicial sobre o mundo e as capacidades de aprendizado por inferimento para revisar, modificar e retrabalhar aquelas teorias iniciais a partir de evidências que eles experimentam desde os primeiros dias de suas vidas", afirma Alison Gopnik, Professora de Psicologia Cognitiva da University of California at Berkeley (Alison Gopnik, "The Scientist in the crib interviewed – what every baby knows", New Scientist, Vol 178, No 2395, 17 May 2003, p. 42–5; citado em *Spatial Intelligence, op. cit.*, p. 31–2).
10 George Lakoff and Mark Johnson, *Philosophy in the Flesh: The Embodied Mind and Its Challenge to Western Thought*, Basic Books (New York), 1999, p. 9 and 10.
11 Gordy Slack, "Found: the source of human empathy", New Scientist, Vol 196, No 2692, 10 November 2007, p. 12.
12 Citado em Kenneth Frampton, "Introduction", in Kenneth Frampton, *Labour, Work and Architecture: Collected Essays on Architecture and Design*, Phaidon Press (London), 2002, p. 18.
13 Jean Renoir, *Elämäni jä elokuvani [My Life and My Films]*, Love-Kirjat (Helsinki), 1974, p. 134. Tradução de Juhani Pallasmaa.
14 Martin Heidegger, "What calls for thinking?", *Basic Writings*, Harper & Row (New York), 1977, p. 357.
15 Gaston Bachelard, *Water and Dreams: An Essay on the Imagination of Matter*, The Pegasus Foundation (Dallas, Texas), 1982, p. 107.
16 Carta de Einstein publicada como Apêndice II em Jacques Hadamard, *The Psychology of Invention in the Mathematical Field*, Princeton University Press (Princeton, New Jersey), 1949, p. 142–3.
17 Henry Moore, "The sculptor speaks", in Philip James (ed), *Henry Moore On Sculpture*, MacDonald (London), 1966, p. 62–4.
18 Salman Rushdie, "Eikö mikään ole pyhää?" ["Isn't anything sacred?"], Parnasso 1:1996 (Helsinki), 1996, p. 8 (tradução de Juhani Pallasmaa).
19 Liisa Enwald (editor), "Lukijalle" ["To the reader"], *Rainer Maria Rilke, Hiljainen taiteen sisin: kirjeitä vuosilta 1900–1926* [The silent innermost core of art; letters 1900–1926], TAI-teos (Helsinki), 1997, p. 8.
20 Bachelard, The Poetics of Space, *op. cit.*, p. XII.
21 Michel Serres, *Angels: A Modern Myth*, Flammarion (New York), 1995, p. 71.
22 Citado em Bachelard, *The Poetics of Space, op. cit.*, p. XXIV.

Uma mão na postura da bênção ornamentada com amuletos, para aumentar seus poderes. Período romano tardio, bronze.

1
As Mãos Misteriosas

"Uma mão não é simplesmente parte do corpo, mas a expressão e continuação de um pensamento que deve ser capturado e transmitido [...]"

Honoré de Balzac[1]

"A mão é a janela para a mente."

Immanuel Kant[2]

"Se o corpo fosse mais fácil de entender, ninguém teria pensado que temos uma mente."

Richard Rorty[3]

As essências múltiplas das mãos

Consideramos nossas próprias mãos como membros banais e gratuitos do corpo, mas na verdade elas são prodigiosos instrumentos de precisão que parecem ter sua própria inteligência, vontade e desejos. Muitas vezes elas até mesmo parecem ser tanto a origem quanto a expressão de prazeres e emoções. As mãos, seus movimentos e gestos, expressam tão bem o caráter de uma pessoa quanto sua psique facial e corporal.

28 As Mãos Inteligentes

O mímico Marcel Marceau durante uma apresentação no Teatro Sadler's Wells, em Londres. "A arte da mímica é o retrato do ser humano em seus anseios mais secretos. Ao se identificar com os elementos que nos circundam, a arte da mímica torna visível o invisível, e concreto o abstrato." Marcel Marceau.

As mãos também têm aparência e características únicas; elas têm personalidades distintas. Elas até mesmo revelam a ocupação e o ofício de um indivíduo; basta pensar nas mãos robustas de um metalúrgico ou um ferreiro, nas mãos muitas vezes mutiladas de um marceneiro, nas mãos de um sapateiro, com sua pele endurecida e rachada pelo manuseio das substâncias típicas do ofício, nas mãos eloquentes de um pantomimeiro ou nas mãos delicadas, extremamente precisas e rápidas de um cirurgião, pianista ou mágico. As mãos são órgãos genéricos característicos do *Homo sapiens*, mas, ao mesmo tempo, são indivíduos únicos. Imagine as mãos de uma criança, com sua curiosidade e excitação, tão atrapalhadas e inocentes, e as mãos quase inúteis de um idoso, deformadas pelo trabalho árduo e pelo reumatismo nas articulações. Os movimentos cheios de vida das curvas dos recortes de papel colorido de Henri Matisse assumem significado especial após vermos uma fotografia do artista já idoso aquecendo as juntas doloridas de seus dedos nas penas de suas pombas de estimação, ou vê-lo deitado e doente, desenhando em uma folha de papel presa à parede com um carvão fixado à extremidade de um longo pedaço de bambu. André Wogenscky, que foi secretário íntimo de Le Corbusier por 20 anos, descreve as mãos de seu mestre de maneira poética e sugestiva:

> Então eu baixava os olhos de sua face para suas mãos. Era quando eu descobria Le Corbusier. Suas mãos o revelavam. É como se elas o traíssem. Elas expressavam todos os seus sentimentos, todas as vibrações de sua vida interior que sua face tentava ocultar [...] Mãos que poderíamos pensar que haviam sido desenhadas pelo próprio Le Corbusier, caracteristicamente compostas

Capítulo 1   As Mãos Misteriosas   **29**

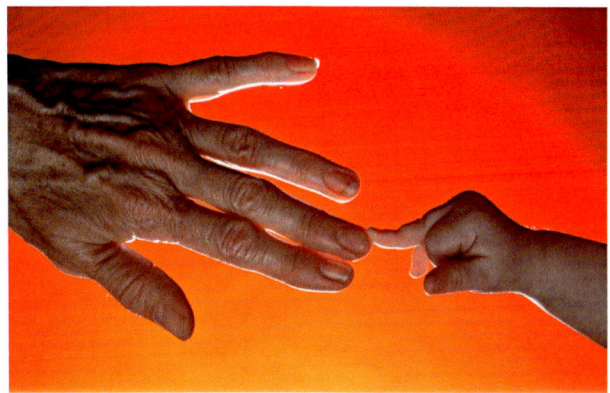

A mão de uma criança explora o mundo com entusiasmo. As primeiras impressões que uma criança tem sobre o mundo são imagens táteis.

de centenas de traços sucessivos que pareciam procurar uns aos outros, mas que no fim formavam uma linha precisa e exata, aquele contorno único que sugeria a forma e a definia no espaço. Mãos que pareciam hesitar, mas das quais advinha a precisão. Mãos que sempre pensavam, e o faziam da mesma maneira que sua mente, e nelas podíamos ler sua ansiedade, seus desgostos, suas emoções e suas esperanças.
Mãos que haviam desenhado e que desenhariam toda sua obra.[4]

Le Corbusier parece ser uma pessoa bastante enigmática e distante nos textos escritos sobre ele, sua vida e sua obra, mas suas mãos, da maneira como são observadas por seu secretário, parecem revelar sua personalidade íntima e suas intenções.

As mãos podem contar histórias épicas de vidas inteiras. Na verdade, cada época e cultura têm suas mãos características: basta olhar para as várias mãos que aparecem nos incontáveis retratos feitos ao longo da história da pintura. Além disso, cada par de mãos é dotado de padrões de impressões digitais únicas e que não mudam absolutamente nada após o quarto mês da gestação; estas gravações na pele humana são os hieróglifos pré-natais secretos da individualidade humana.

Nossas mãos são nossos servos confiáveis e diligentes, mas vez ou outra elas parecem assumir o comando, ter vida independente e exigir suas próprias liberdades. Ainda assim, a totalidade absoluta da figura humana é tão poderosa que aceitamos uma estátua sem braços como uma representação válida e esteticamente agradável da constituição humana, não a

Henri Matisse cortando folhas de papel pintadas em seu ateliê no Hôtel Régina, em Nice, em 1952.

vemos como um retrato deliberado de uma mutilação. "[N]ada essencial está ausente. De frente a elas temos a sensação de uma integralidade profunda, uma totalidade que não aceita qualquer adição", escreve o poeta Rainer Maria Rilke sobre os torsos cheios de vida de Auguste Rodin.[5] Ou será que neste caso fomos seduzidos pela integridade mágica de uma obra-prima?

O poeta também descreve os múltiplos papéis e as vidas decididamente independentes das mãos humanas:

> Há mãos que caminham, mãos que dormem e mãos que despertam; mãos criminosas com o peso do passado e mãos que estão cansadas e já não querem mais nada, que se deitam em um canto como animais doentes, sabendo que ninguém pode ajudá-los. Afinal, as mãos são um organismo complicado, um delta para o qual converge a vida das fontes mais distantes, chegando repentinamente na grande corrente de ações.

> As mãos têm histórias; elas até possuem sua própria cultura e sua própria beleza particular. Conferimos-lhes o direito de ter seu desenvolvimento próprio, seus desejos, sentimentos, humores e ocupações próprios [...].[6]

As mãos têm seus papéis sociais e seus comportamentos, seus atos tanto amorosos como hostis e agressivos, seus gestos de boas-vindas e rejeição, amizade e animosidade. As mãos de Deus e de Cristo, assim como as do Papa, são mãos de benevolência e bênção. A mão de Caio Múcio Cévola é a mão da bravura e do autocontrole heroico, enquanto as mãos de Caim e Pôncio Pilatos são órgãos do crime e da culpa. Apesar de sua autossuficiência, as mãos podem temporariamente perder sua independência e identidade e se fundirem com o corpo do outro. Como observa Rilke: "Uma mão apoiada no ombro ou na coxa de outro corpo já não pertence completamente àquele de quem ela veio: dela surge algo novo, o objeto que ela toca ou agarra, algo que não tem nome e não pertence a ninguém, o que passa a importar é esta nova coisa que tem seus próprios limites definidos".[7] As mãos de uma mãe e seu filho ou de dois amantes se transformam no cordão umbilical que une os dois indivíduos.

As obras de arte e arquitetura estendem as mãos humanas tanto no espaço como no tempo. Quando olho para a *Pietà de Rondanini* (1555–64), no Castelo Sforzesco, em Milão, consigo sentir as mãos cheias de paixão, porém já débeis, de um Michelangelo chegando ao fim da vida. Da mesma maneira, as obras de um grande arquiteto convidam a presença imaginada de sua figura e suas mãos, uma vez que o espaço, a escala e os detalhes da obra de arquitetura inevitavelmente são produtos e projeções do corpo e das mãos de seu criador. Quanto mais magnífica a obra, mais presente a mão de seu artista. Não consigo ver uma pintura de Vermeer à pequena distância sem pensar no artista curvado sobre sua obra, com um pincel de ponta muito fina em sua mão. Não, eu não imagino o pintor, eu me torno o pintor. Toda a minha constituição física se transforma, e minha mão guia o pincel para o "pedacinho de parede amarela" com tinta ainda úmida da *Vista de Delft* (1660–1) que Marcel Proust admirou e sobre a qual escreveu.[8]

Quando olho para uma pintura suprematista de Kasimir Malevich, não a vejo como uma *gestalt* geométrica, e sim como um ícone meticulosamente pintado pela mão do artista. A superfície de tinta craquelada transmite

32 As Mãos Inteligentes

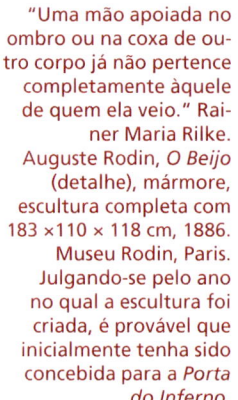

"Uma mão apoiada no ombro ou na coxa de outro corpo já não pertence completamente àquele de quem ela veio." Rainer Maria Rilke. Auguste Rodin, *O Beijo* (detalhe), mármore, escultura completa com 183 ×110 × 118 cm, 1886. Museu Rodin, Paris. Julgando-se pelo ano no qual a escultura foi criada, é provável que inicialmente tenha sido concebida para a *Porta do Inferno*.

um senso de materialidade, trabalho e tempo, e me ponho a pensar sobre a mão inspirada do pintor segurando um pincel.

O que são as mãos?

Usamos a noção das "mãos" de maneira descuidada e sem pensar muito, como se sua essência fosse evidente por si mesma. "As mãos humanas são formadas de um modo tão belo, suas ações são tão poderosas, tão livres e ainda assim tão delicadas, que não se pensa nelas como um instrumento; as usamos da mesma maneira como respiramos, inconscientemente", escreveu Sir Charles Bell, em 1833.[9] Mas como deveríamos realmente definir as mãos? Quando dizemos "me dê sua mão", "deixo este problema em suas mãos" ou falamos de um "trabalho manual" ou "aperto de mãos", exatamente o que estamos dizendo?

O uso cotidiano da palavra, bem como sua *anatomia superficial* clássica provavelmente diriam que as mãos são os órgãos humanos que se estendem do pulso às pontas dos dedos.[10] Do ponto de vista da anatomia biomecânica, as mãos seriam vistas como partes dos braços inteiros. Todavia, o braço também funciona em coordenação dinâmica com os músculos do pescoço, das costas, até mesmo das pernas e, na verdade, com todo o resto do corpo. O treinamento na maioria dos esportes visa exatamente esta integração absoluta das ações das mãos com o corpo inteiro. Quando ergo minha mão para fazer um juramento ou cumprimentar alguém, ou ofereço minhas impressões digitais como prova de identidade, a mão corresponde à minha pessoa como um todo. A *anatomia psicológica e funcional* até mesmo consideraria as partes do cérebro que regulam as funções manuais como parte das próprias mãos. Levando tudo isso em consideração, temos de admitir que as mãos estão em todas as partes de nosso corpo, inclusive em todas as nossas ações e todos os nossos pensamentos e, portanto, a mão é praticamente impossível de definir. Como o neurologista e escritor Frank R. Wilson afirma em seu estudo pioneiro sobre a evolução e a importância das mãos humanas, intitulado *The Hand: How Its Use Shapes the Brain, Language, and Human Culture*:

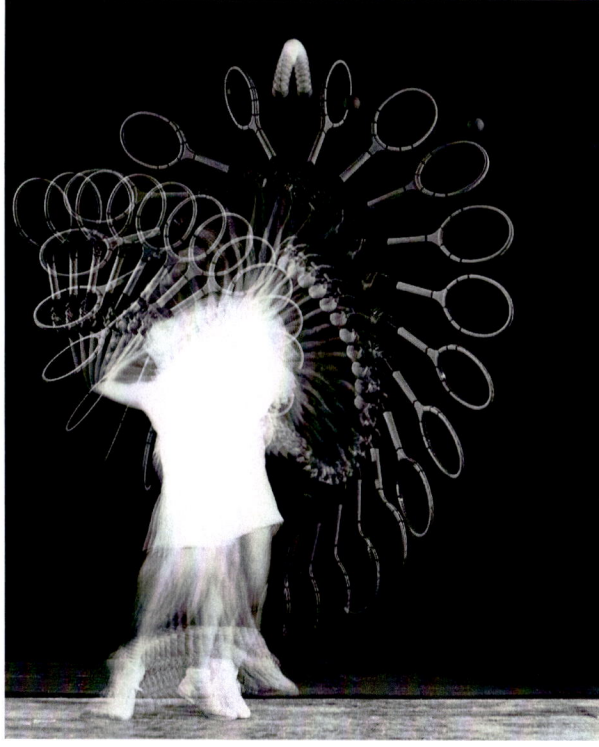

As mãos agem em colaboração e coordenação com todo o corpo. Harold E. Edgerton, *Jogador de Tênis*, 1938, impressão em gelatina de prata.

> Os movimentos corporais e a atividade cerebral são funcionalmente interdependentes e sua sinergia é formulada de maneira tão poderosa que não há nenhuma ciência ou disciplina que consiga explicar de maneira independente as habilidades ou o comportamento dos homens [...]. As mãos são tão amplamente representadas no cérebro, os elementos neurológicos e biomecânicos das mãos estão tão sujeitos à interação e reorganização espontâneas e as motivações e os esforços que resultam no uso individual das mãos são tão profunda e amplamente arraigados, que somos obrigados a admitir que estamos tentando explicar um imperativo básico da vida humana.[11]

As recentes pesquisas e teorias da antropologia e medicina até mesmo conferem às mãos um papel embrionário na evolução da inteligência, da linguagem e do pensamento simbólico humanos. A incrível versatilidade móvel, a capacidade de aprendizado e as funções aparentemente independentes das mãos talvez não sejam resultado do desenvolvimento da capacidade do cérebro humano, como costumamos pensar, mas é muito provável que a extraordinária evolução do cérebro humano tenha sido uma consequência da evolução das mãos. "Aristóteles errou ao afirmar

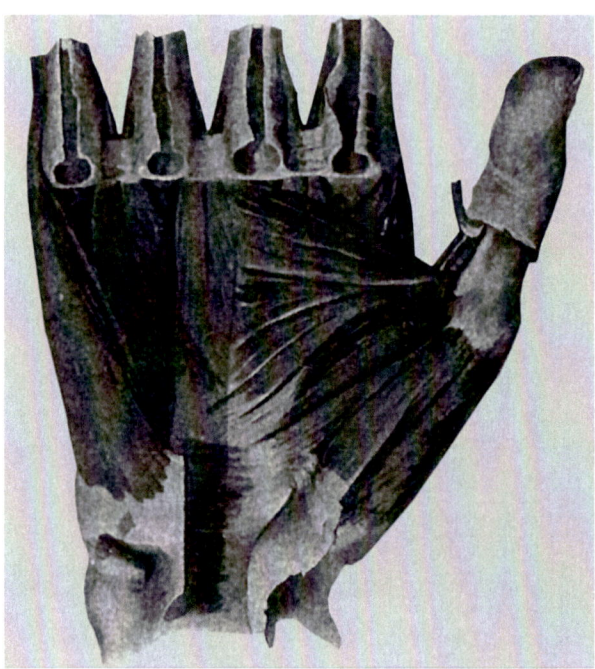

A mobilidade do polegar resulta do arranjo de nove músculos que conectam este dedo ao antebraço e à própria mão.

que os humanos tinham mãos por serem inteligentes; talvez Anaxágoras estivesse mais correto ao dizer que os humanos eram inteligentes por terem mãos", como observa Marjorie O'Rourke Boyle.[12]

Wilson vê tanto o cérebro como a interdependência entre as mãos e o cérebro onipresentes no corpo:

> O cérebro não vive dentro da cabeça, ainda que este seja seu habitat formal. Ele se espalha por todo o corpo e por meio deste alcança o mundo. Podemos dizer que o cérebro "termina" na coluna dorsal, que esta "termina" no nervo periférico e que o nervo periférico "termina" na junção neuromuscular, e assim por diante até chegarmos aos *quarks*, mas o cérebro é a mão e a mão é o cérebro, e estas interdependências incluem tudo mais, inclusive os *quarks*.[13]

Sem dúvida, podemos concluir que "é tão certo que as mãos falem com o cérebro quanto o cérebro fale com as mãos".[14] Até mesmo indo além da importância física e neurológica, Wilson considera as mãos como constituintes essenciais da história da inteligência humana e de sua evolução gradual: "[Q]ualquer teoria sobre a inteligência humana que ignore a interdependência entre as funções das mãos e do cérebro, as origens históricas deste relacionamento, o impacto daquela história na dinâmica do desenvolvimento dos seres humanos modernos, é um equívoco grosseiro e estéril".[15] Geralmente pensamos que nossas mãos lidam apenas com o mundo concreto e material, mas alguns teóricos atribuem às mãos um papel significativo até mesmo no surgimento do pensamento simbólico.[16]

Mãos, olhos, cérebro e linguagem

As mãos humanas são produto da evolução. A extraordinária mobilidade dos braços e das mãos, assim como a coordenação entre os olhos e as mãos humanas e o julgamento preciso das posições espaciais e das relações já estavam desenvolvidos quando os ancestrais dos hominídeos viviam e se deslocavam nas árvores. Os mais antigos ancestrais diretos dos seres humanos foram os australopitecíneos – um termo enganador que significa "primatas do sul" –, os quais andavam eretos. A transição do deslocamento entre galhos de árvores para o andar bípede sobre o solo plano das savanas alterou o papel das mãos e liberou-

-as para novos fins e outro desenvolvimento evolutivo. Na década de 1960, a descoberta dos resquícios de "Lucy", que viveu há 3,2 milhões de anos em Hadar, no leste da África, foi um grande evento na antropologia; nossa famosa ancestral foi batizada em homenagem à música dos Beatles que entoava em um toca-fitas do sítio, "Lucy in the sky with Diamonds".[17] As teorias então prevalecentes já consideravam que o cérebro humano poderia ter evoluído como consequência do aumento do uso de ferramentas. "A estrutura do homem moderno deve ter resultado da mudança em termos da seleção natural que seguiu ao estilo de vida com o uso de ferramentas [...] Do ponto de vista evolutivo, comportamentos e estruturas formam um complexo de interações no qual a cada alteração de um afeta o outro. O homem surgiu quando populações de primatas, há cerca de um milhão de anos, iniciaram um estilo de vida bípede e com o uso de ferramentas", afirma o antropólogo Sherwood Washburn.[18]

Isoladamente, o aspecto seminal mais importante na evolução das mãos foi o fato de a oposição física entre o polegar e os demais dedos ter se tornado cada vez mais complexa. Ao mesmo tempo, esta oposição combinou com mudanças sutis nos ossos que sustentam e reforçam o dedo indicador.[19] Tais mudanças anatômicas permitiram o desenvolvimento tanto da empunhadura de força como da empunhadura de precisão empregadas no manuseio de ferramentas.[20]

Ferramentas manuais do Período Paleolítico, República Tcheca.

As teorias atuais sugerindo que a linguagem surgiu durante os primórdios da manufatura de ferramentas e o uso destas implicam que até mesmo o desenvolvimento da linguagem está vinculado à evolução inter-relacionada das mãos com o cérebro. Wilson afirma de maneira peremptória: "É praticamente certo que as estruturas sociais complexas – e a linguagem – se desenvolveram gradualmente associadas à difusão do desenho, da manufatura e do uso de ferramentas extremamente elaboradas".[21] O refinamento posterior das mãos levou ao maior desenvolvimento dos circuitos do cérebro humano:

> Há um conjunto de evidências cada vez maior de que o *Homo sapiens* precisou, devido às suas novas mãos, não apenas da capacidade mecânica de manipulação refinada e do uso das ferramentas, mas, à medida que o tempo passou e os eventos se sucederam, de um ímpeto no redesenho ou na realocação dos circuitos cerebrais. A nova maneira de mapear o mundo foi uma extensão das antiquíssimas representações neurológicas que satisfaziam a necessidade do cérebro do controle da gravidade e da inércia na locomoção.[22]

Considera-se que o desenvolvimento e o refinamento do uso de ferramentas esteja relacionado com a emergência da subjetividade e do pensamento especializado: "Já foi dito que a linguagem é o prelúdio da chegada do homem. Talvez isso seja verdade, mas mesmo antes da linguagem vem o *pensamento em termos de ferramentas*, ou seja, a percepção das conexões mecânicas e a invenção de meios mecânicos para fins mecânicos. Resumindo, antes do advento da fala, a ação passa a ter um *significado subjetivo*, isto é, ela se torna um propósito consciente".[23] O psicólogo Lev Vygotsky sugere, de maneira provocadora, que a fala e a linguagem, por

A empunhadura de força precedeu a empunhadura de precisão na evolução das mãos humanas. Chaves combinadas modernas.

um lado, e o pensamento, por outro, possuem origens biológicas diversas: "[I]nicialmente o pensamento é não verbal, e a fala, não intelecutal [...] [Porém, nos seres humanos] o desenvolvimento do pensamento é determinado pela linguagem, isto é, pelas ferramentas linguísticas do pensamento e pela experiência sociocultural da criança".[24]

De fato, a arte e a arquitetura nos levam às origens da linguagem, à admiração e ao assombro originários de nos depararmos com os imprevistos. As representações artísticas nos expõem a imagens e encontros com as coisas antes de estas terem sido aprisionadas pela linguagem. Tocamos nas coisas e nos apropriamos de suas essências antes de podermos falar sobre elas. As edificações profundas nos colocam no ponto central do mundo em que vivemos; até mesmo o espaço arquitetônico minúsculo do Kärtner Bar (1907) de Viena, projetado por Adolf Loos, se transforma no núcleo do mundo que parece condensar a gravidade e o espaço, além de nosso conhecimento existencial, em sua configuração pré-verbal, material e de espacialidade comprimida.

Em seu livro *The Mind in the Cave: Consciousness and the Origins of Art*, David Lewis Williams propõe uma teoria convincente sobre as origens do desenho de animais e dos símbolos representados nas paredes das cavernas neolíticas. Ele também nos dá uma explicação para o fato misterioso de que os homens de Neanderthal, nossos parentes mais antigos, conviveram por mais de 10 mil anos com os nossos outros ancestrais imediatos,

Em seu livro *A Escalada do Homem*, Jacob Bronowski ressalta que as pinturas rupestres revelam aquilo que se passava na mente destes caçadores primitivos: "Acredito que o poder que aqui vemos representado pela primeira vez é o poder da expectativa; a imaginação do futuro". Pintura rupestre.

os homens de Cro-Magnon, e tomaram emprestada destes a tecnologia das ferramentas de pedra, jamais desenvolveram expressões artísticas como as pinturas rupestres dos homens de Cro-Magnon. Na opinião de Williams, a explicação para este fato curioso está na evolução da mente humana. Os homens de Cro-Magnon, ao contrário dos de Neanderthal, possuíam uma consciência mais elevada e uma estrutura neurológica mais avançada que os permitiu experimentar transes induzidos por pajés e ter um imaginário mental muito rico. Estas imagens mentais – as primeiras expressões registradas da imaginação humana e das mãos – foram então pintadas nas paredes da caverna, que eram consideradas como a membrana entre o mundo de seus usuários pré-humanos e seu mundo espiritual imaginário, do qual originavam as imagens.[25]

O psicólogo norte-americano Julian Jaynes argumenta que a consciência humana não emergiu gradualmente na evolução dos animais, mas é um processo aprendido que se desenvolveu de uma mentalidade alucinatória primitiva, por meio de eventos cataclísmicos e catastróficos. Ele identifica a emergência da consciência humana na "ruptura da mente bicameral", que ocorre aproximadamente na época dos primeiros registros escritos, na Mesopotâmia – um evento, há cerca de 3 mil anos, surpreendentemente tardio.[26]

Os autores e pesquisadores do livro *Gesture and the Nature of Language* sugerem que as ações das mãos moldaram diretamente o desenvolvimento da linguagem:

> As próprias categorias da linguagem são criadas por atos manuais intencionais, de modo que os verbos derivam dos movimentos das mãos, os substantivos dão nomes às coisas e os advérbios e adjetivos, assim como as ferramentas manuais, modificam os movimentos e objetos. Aqui o foco está particularmente em como as experiências do toque e da empunhadura [...] conferem à linguagem seu poder direcionador.[27]

George Lakoffe e Mark Johnson sugerem outra conexão entre a linguagem e o corpo. Em seu livro *Metaphors We Live By*, eles desenvolvem ideias sobre o embasamento primordial da linguagem em metáforas originárias do corpo humano e nas maneiras pelas quais este se relaciona com o espaço e nele se posiciona. "[A] metáfora está onipresente na vida cotidiana, não apenas na linguagem, mas também nos pensamentos e nas ações. Nosso sistema conceitual ordinário, em termos do qual pensamos e agimos, é de natureza fundamentalmente metafórica", afirmam os dois psicólogos.[28] Estas metáforas de linguagem, pensamento e ação têm origem nas estruturas e nos aspectos naturais do corpo e na sua relação com o espaço.

O desenvolvimento decisivo do cérebro humano começou há cerca de três milhões de anos, com o uso das ferramentas, e, de acordo com opiniões teóricas recentes, o cérebro humano já estava concluído cerca de 100 mil anos atrás ou talvez até um pouco antes.[29]

As mãos como símbolos

O fato de que as mãos sejam a parte do corpo humano que aparece com maior frequência no simbolismo[30] reflete sua importância e sutileza, bem como sua expressividade e seus significados múltiplos. Marcas e silhuetas

Impressões de mãos e vários símbolos do Período Paleolítico (de acordo com Sigfried Giedion). El Castillo, Cantábria, Espanha.

de mãos humanas já apareciam em pinturas rupestres paleolíticas. Estas primeiras impressões das mãos provavelmente representam o indivíduo cuja mão deixou a marca, da mesma maneira que as crianças pequenas gostam de imprimir marcas de suas mãos como expressões de suas individualidades. A representação de juntas de dedos deformados e mãos mutiladas na caverna de Gargas, na França, é considerada como uma celebração de sacrifícios.

As mãos podem ter significados simbólicos múltiplos e até mesmo contraditórios na comunicação social e na arte, como é o caso do gesto manual de segurar ou empurrar algo, que pode ter conotações tanto positivas como negativas. A imagem de uma mão frequentemente aparece em amuletos, como na Mão de Fátima. Nas culturas semitas, "mão" e "poder" são um único conceito que se refere ao poder do soberano. O contato com as mãos é regrado por códigos culturais e profissionais, como no uso do contato manual na medicina ou no costume social do aperto de mãos, mas, em geral, o contato com as mãos simboliza o contato mágico. Sobrepor a mão significa abençoar, e este gesto transfere os poderes à pessoa que está sendo tocada, ou que esta é um ser superior. Mãos erguidas ou mãos com os dedos entrelaçados são um símbolo da reza, gestos diferentes dos dedos representam um juramento ou uma bênção, e um aperto de mãos é um símbolo genérico de uma postura amigável e receptiva.

Na iconografia cristã, Cristo também é chamado de a Mão Direita; aliás, a mão direita sempre tem conotações positivas, ao contrário da esquerda. Em muitas culturas, a mão direita é a mão "limpa", enquanto a esquerda é a "suja". Mãos encobertas ou ocultas por mangas são um costume antiquíssimo que simboliza o respeito na presença de soberanos. A mão aberta e erguida dos governantes bizantinos originou o gesto da bênção usado pelo Cristianismo. O simbolismo de elevar ambas as mãos significa se voltar em direção ao paraíso, a receptividade de quem está orando ou o gesto de adoração. Na heráldica renascentista, as mãos significam força, lealdade, diligência, inocência e unidade; enquanto uma mão aberta e com os dedos esticados significa desunião, a mão ou o punho fechado indica força e união, e as mãos com os dedos entrelaçados significam lealdade e união.

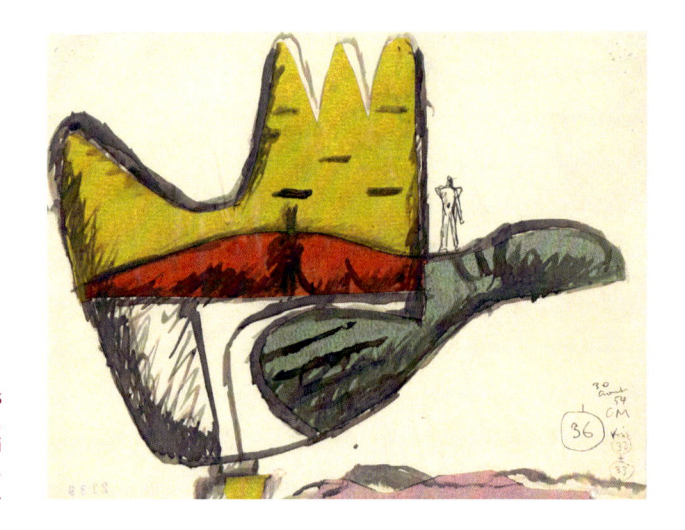

Um monumento às mãos. Le Corbusier, *A Mão Aberta*, croqui para um monumento, Chandigarh, 1954.

Na representação artística, uma mão que emerge de uma nuvem é uma forma primitiva de retratar a Primeira Pessoa da Santíssima Trindade. A mão que golpeia Cristo é um dos instrumentos da Paixão, ao passo que uma mão que dá dinheiro se refere ao pagamento feito a Judas, e a lavagem das mãos de Pilatos após o julgamento de Cristo representa sua inocência.[31]

As mãos e os dedos têm conotações diferentes, conforme a cultura. No Islamismo, os cinco dedos representam a proclamação pessoal da fé, a oração, a peregrinação, o jejum e a generosidade. O sistema tradicional de posições rituais para as mãos, ou mudras, dos budistas e xivaístas da Índia expressa uma variedade de significados codificados para os gestos das mãos, e eles podem fazer parte de rituais tanto religiosos como seculares. Cada dedo é associado a sua própria cor, som, elemento e até mesmo guardião celeste. Devido à tendência característica dos indianos de classificar excessivamente, cada classificação, cada mudra, pode ter um significado inserido em outro.

As linhas intrincadas e únicas das palmas das mãos são interpretadas na quiromancia, ou leitura das mãos. O pressuposto básico desta prática é que analogias simbólicas conectam as mãos com seus "hieróglifos", as forças planetárias e a vida potencial de cada indivíduo.

As mãos são letreiros da personalidade; elas expressam classe social, riqueza, lealdade, ocupação e associação. Em muitas culturas, as mãos são decoradas com tatuagens ou imagens e pinturas menos permanentes. As mãos também são portadoras de anéis e braceletes que comunicam inúmeros significados codificados, como casamento, profissão ou participação em uma sociedade. Gestos, significados e mensagens feitos com as mãos também são temas populares nas artes.

Os gestos com as mãos

Há teorias que consideram os gestos com as mãos como a primeira fase evolutiva rumo à linguagem falada e escrita. A capacidade de transmitir emoções, o imediatismo, a universalidade e a articulação dos gestos manuais certamente refletem a integridade da constituição

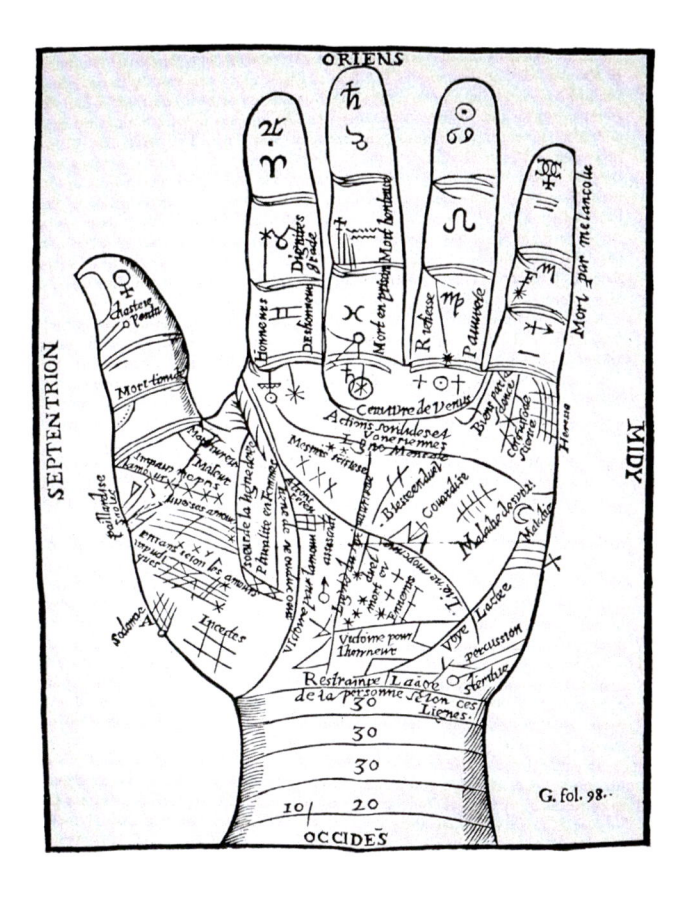

A mão quiromante das *Oeuvres,* de Jean Belot (Lyons, 1649), reproduzida em *A History of Magic*, obra publicada no final do século XIX. Gravura da Escola Francesa, século XVII.

44 As Mãos Inteligentes

A mão como uma obra de arte que reflete as restrições e os valores culturais. Shirin Neshat, *Sem Título* (da série "Mulheres de Alá"), fotografia em preto e branco com tinta, 23,8 × 16,5 cm, 1996.

humana, bem como a relação íntima entre a mente e as mãos. As deficiências e dificuldades na união entre a mente e as mãos também são manifestadas de modo enfático: "As mãos são os únicos vassalos perfeitos da mente, e quando, devido à idade ou doença, a conexão entre elas é interrompida, há poucos símbolos mais eloquentes da decadência do homem".[32]

É incrível nos darmos conta de que o significado de inúmeros gestos da face e das mãos pode ser entendido de maneira bastante independente das origens culturais. "As mãos são a única fala natural do homem [...] Ela poderia perfeitamente ser chamada de "A Língua" e o idioma geral da "natureza humana", que, sem ser ensinada, é vista e compreendida com a maior facilidade por homens de todas as regiões do mundo habitado", escreveu John

Bulwer em 1644, no seu livro *Chironomia*.[33] Um estudioso mais recente, Edward Sapir, antropólogo e linguista, faz uma afirmação similar: "Respondemos a gestos com uma prontidão extrema, e talvez até possamos dizer que isso se dá de acordo com um código elaborado e secreto que jamais foi escrito ou conhecido por alguém, mas que é entendido por todos".[34]

Antes de aprender até mesmo os fundamentos da comunicação linguística, os lactantes reagem corretamente a gestos básicos de ameaça ou receptividade, por exemplo, e os cegos de nascimento parecem capazes de usar instintivamente gestos faciais e manuais básicos.[35] Embora fossem linguisticamente distintos, os vários povos indígenas norte-americanos conseguiam se comunicar por meio da linguagem dos sinais.[36] Para fins de comércio, os índios algonquianos do rio Hudson empregavam gestos com o polegar e os demais dedos quando falavam", escreveu Jonas Michaelius, um clérigo do século XVII.[37]

As linguagens das mãos

Além do caso dos nativos norte-americanos, as linguagens dos sinais eram particularmente bem desenvolvidas entre os aborígines australianos e os maoris. Também temos as linguagens de sinais das sociedades secretas e comunidades religiosas. Certos gestos manuais que ainda hoje são utilizados já eram conhecidos no Antigo Egito e na Babilônia. Outros signos simbólicos gestuais são empregados na arte, no teatro, na heráldica e na religião.[38] Ainda hoje, os membros de muitos ofícios e profissões usam linguagens de sinais específicas. Um exemplo peculiar de comunicação invisível com as mãos é o sistema de leilão empregado nos mercados japoneses que comercializam o baiacu, um peixe delicioso, porém extremamente venenoso, nos quais a comunicação é feita de maneira secreta entre as mãos dos compradores e licitantes, que ficam ocultas por luvas especiais.

Sir Richard Paget, que desenvolveu uma linguagem dos sinais internacional em 1939, estimava que, se combinarmos vários movimentos da parte superior dos braços, dos antebraços, dos pulsos e dos dedos, conseguimos produzir nada menos do que 700 mil sinais básicos distintos; ele considerou que de 500 a 600 sinais seriam suficientes para o vocabulário de sua Nova Linguagem dos Sinais. Esta estimativa faz das mãos humanas órgãos mais versáteis do que a boca. Esta descoberta surpreendente parece abrir possibilidades imensas para a comunicação gestual.[39]

Um grupo de gestos com as mãos – que é o mais comum – é formado pelos gestos quase inconscientes que fazemos nas conversas ou aparições públicas. Naturalmente, os gestos manuais são um aspecto importante das artes em geral, da retórica e das artes dramáticas. Todavia, a mão trabalhadora é aquela que representa a real versatilidade de suas ações, bem como sua unidade contínua e sua engenhosa independência e capacidade de pensamento autônomo.

Gestos de mímica do livro *Chirologia, Natural Language of the Hand*, John Bulwer, 1644. Gravura da escola inglesa, século XVII.

Referências

1 Honoré de Balzac, *Le Chef–d'oeuvre inconnu*, citado em Maurice Merleau-Ponty, "Cézanne's doubt", *Sense and Non-Sense*, Northwestern University Press (Evanston, Illinois), 1964, p. 18.
2 Immanuel Kant, citado em Richard Sennett, *The Craftsman*, Yale University Press (New Haven, Connecticut and London), 2008, p. 149.
3 Richard Rorty, *Philosophy and the Mirror of Nature*, Princeton University Press (Evanston, Illinois), 1979, p. 239.
4 André Wogenscky, *Le Corbusier's Hands*, MIT Press (Cambridge, Massachusetts and London), 2006, p. 6.
5 Rainer Maria Rilke, *Auguste Rodin*, Archipelago Books (New York), 2004, p. 44. Rilke trabalhou como secretário do escultor em Paris entre 1902 e 1906. Rodin despediu Rilke quando o poeta começou a tratar a correspondência do escultor de maneira independente demais.
6 *Ibid.*, p. 45.
7 *Ibid*.
8 Marcel Proust, *In Search of Lost Time: The Captive and the fugitive* (traduzido por C.K. Scott Moncrieff and Terence Kilmartin), Vintage Random House (London), 1996, p. 207–28.
9 Citado em Frank R. Wilson, *The Hand: How Its Use Shapes the Brain, Language, and Human Culture*, Pantheon Books (New York), 1998, primeira orelha.
10 As descrições de anatomia deste capítulo derivam principalmente de *ibid*., p. 8–9.
11 *Ibid.*, p. 10.
12 Marjorie O'Rourke Boyle, *Senses of Touch: Human Dignity and Deformity from Michelangelo to Calvin*, Brill (Leiden, Boston and Cologne), 1998, p. XIII.
13 Wilson, *The Hand*, op. cit., p. 307.
14 *Ibid.*, p. 276.
15 *Ibid.*, p. 7.
16 *Ibid.*, p. 8.
17 Richard E. Leakey and Roger Lewin, *Origins*, Macdonald and Jane's (London), 1979, p. 91.
18 Citado em Wilson, *The Hand*, op. cit., p. 16.
19 Richard Sennett, *The Craftsman*, Yale University Press (New Haven, Connecticut and London), 2008, p.150.
20 A visão usual de que os humanos são os únicos animais que utilizam ferramentas está errada. Inúmeras espécies de animais usam uma variedade de ferramentas, e um estudo recente lista 28 diferentes *categorias* de uso de ferramentas entre os animais. Veja Benjamin B. Beck, *Animal Tool Behaviour: The Use and Manufacture of Tools by Animals*, Garland STPM Press (New York), 1980. A noção controversa de "fenótipo estendido" promovida por Richard Dawkins na verdade expande a noção de uma espécie para incluir as tocas, os ninhos, as armadilhas e numerosos outros artefatos construídos pelos animais. Da mesma maneira, as incontáveis construções humanas, tanto materiais como culturais, deveriam ser consideradas como parte do fenótipo do *Homo sapiens*.
21 Wilson, *The Hand*, op. cit., p. 30.
22 *Ibid.*, p. 59.
23 *Ibid.*, p. 194.
24 Citado em *ibid.*, p. 194.
25 David Lewis-Williams, *The Mind in the Cave*, Thames & Hudson (London), 2002, front flap.
26 Quanto às origens da consciência, veja: Julian Jaynes, *The Origin of Consciousness in the Breakdown of the Bicameral Mind*, Houghton Mifflin (Boston, Massachusetts), 1976.
27 David F. Armstrong, William C. Stokoe and Sherman E. Wilcox, *Gesture and the Nature of Language*, Cambridge University Press (Cambridge, New York and Melbourne), 1995. Citado em Sennett, *The Craftsman*, op. cit., p. 180.
28 George Lakoff and Mark Johnson, *Metaphors We Live By*, University of Chicago Press (Chicago, Illinois and London), 1980, p. 3.
29 Wilson, *The Hand*, op. cit., p. 12.
30 Hans Biedermann, *Dictionary of Symbolism: Cultural Icons and the Meanings Behind Them*, Meridian (New York), 1994, p. 23. Os exemplos de conotações simbólicas das mãos na seção "As Mãos Como Simbolos" derivam diretamente deste livro, p. 163–4.
31 James Hall, *Dictionary of Subjects and Symbols in Art*, Icon Editions (New York; Hagerstown, Maryland; San Francisco, California; and London), 1974, p. 144.
32 Macdonald Critchley, *Silent Language*, Butterworth, London, 1975, p. 22.
33 Citado em *ibid.*, p. 14.
34 *Ibid.*.
35 *Ibid.*, p. 5.
36 *Ibid.*, p. 163.
37 Jonas Michaelius, 1628, citado em Critchley, *Silent Language*, op. cit., p. 69.
38 Em seu livro sobre linguagens silenciosas, Critchley discute em detalhes uma grande quantidade de sinais manuais, como: o Símbolo Palmar, *Mano Pantea*, Mãos Votivas, Dedo Indicador Extendido, Dedo Indicador e Médio Cruzados, Dedo Mínimo Extendido, Adução do Segundo e Terceiro Dígito, *Mano Cornuta*, *Mano in Fica*, Gestos de Abuso, Palmas Opostas, Dedo Polegar Contra o Indicador, Extensão do Polegar, Punho Cerrado, Mãos Cruzadas Sobre o Peito, Um Braço Erguido, Braços Abduzidos nas Laterais e Segurar a Mão Fechada. Critchley, *Silent Language*, op. cit., p. 102–27.
39 *Ibid.*, p. 220.

O escultor finlandês Kain Tapper trabalhando com cinzel em uma escultura de madeira, 1998.

2

As Mãos Trabalhadoras

"Mas a habilidade das mãos é maior do que geralmente imaginamos. [...] As mãos alcançam e se estendem, recebem e dão as boas-vindas – e não apenas às coisas: as mãos estendem a si próprias e recebem suas próprias boas-vindas nas mãos dos outros. [...] Porém, os gestos das mãos vão a todos os lugares por meio da linguagem, em sua mais perfeita pureza, exatamente quando o homem fala em silêncio. [...] Todos os movimentos das mãos, em cada um de seus trabalhos, se expressam por meio do pensamento, todas suas posições se mostram neste elemento. Todas as obras das mãos estão enraizadas no pensamento."

Martin Heidegger[1]

As mãos e as ferramentas

As ferramentas são extensões e especializações das mãos que alteram seus poderes e suas capacidades naturais. Quando um machado ou uma faca está sendo utilizada, o usuário competente não considera suas mãos e a ferramenta como duas entidades distintas e separadas; a ferramenta se transformou em parte de suas mãos, e ambas se tornaram uma espécie inteiramente nova de órgão, uma "mão-ferramenta". Michel Serres, o filósofo, descreve esta união perfeita entre o elemento animado e o inanimado de maneira eloquente: "A mão que segura o martelo deixa de ser uma mão, ela é o próprio martelo, que por sua vez deixa de sê-lo, a mão voa invisível entre o martelo e as unhas, ela desaparece e se dissolve, como minha própria mão que há muito levantou voo durante a escrita. A mão e o pensamento, como a língua de uma pessoa, desaparecem em suas determinações [...]."[2]

As ferramentas evoluem gradualmente por meio de um processo de pequenas melhorias, uso e rejeição. As melhores ferramentas são o resultado de uma evolução anônima e atemporal, e ferramentas atribuídas a um inventor específico geralmente permanecem como curiosidades momentâneas que não se tornam parte da linhagem real daquela ferramenta específica. Os instrumentos musicais, concebidos especialmente por artesãos profissionais, são um bom exemplo destas curiosidades estéticas. Todas as grandes obras de arte também se tornam uma parte inseparável da tradição da forma de arte na qual se incluem, em vez de serem meras invenções individuais. Ferramentas excepcionais são moldadas pelas mãos e sua ação de maneira direta. Séculos de trabalho contínuo refinaram as ferramentas básicas – a faca, o martelo, o machado, o serrote, a plaina – além das melhorias que são possíveis por um projetista individual autoconsciente, guiado por ideias intelectualizadas sobre a função e a beleza. É como se o desenvolvimento das ferramentas em várias culturas deixasse uma marca em seu "DNA" específico, guiando sua evolução e resultando em certa similitude entre elas. Assim como as mãos humanas, as ferramentas são ao

As ferramentas em geral são produtos anônimos de uma longa tradição de uso e melhorias sucessivas. São raras as ferramentas bem-sucedidas que tenham sido concebidas por um desenhista individual.
Tapio Wirkkala, faca com bainha finlandesa (*puukko*), aço inoxidável e náilon, 1961.

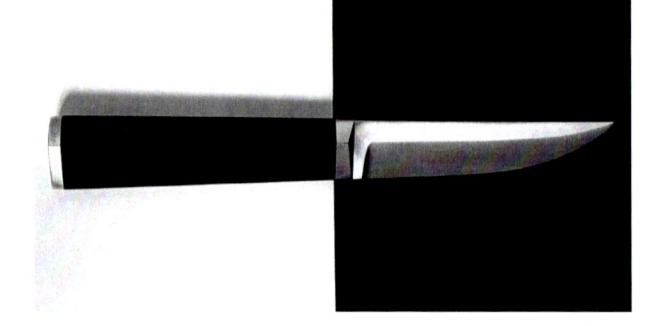

Capítulo 2   As Mãos Trabalhadoras   51

As ferramentas possuem uma beleza indiscutível resultante de seus requisitos funcionais e da tradição anônima que gradualmente aperfeiçoou o objeto. Ferramentas de carpintaria japonesas, Período Edo Tardio ou Período Meiji Primitivo, coleção particular.

mesmo tempo genéricas e específicas. É possível identificar a linha genética das ferramentas japonesas, por exemplo, que são muito distintas das famílias de ferramentas escandinavas ou norte-americanas; o desempenho e a aparência de uma ferramenta inevitavelmente reflete a postura específica de sua cultura frente ao trabalho e ao valor social conferido a este.

As ferramentas possuem uma beleza especial e indiscutível. Esta beleza resulta de casualidades absolutas, e não da materialização de uma ideia estética. Até mesmo as ferramentas de pedra mais primitivas expressam sua função por meio do modo que são empunhadas pelas mãos humanas e transmitem o prazer indiscutível da funcionalidade e do desempenho perfeitos. A beleza das ferramentas reflete o mesmo prazer da inevitabilidade das criaturas vivas; na verdade as ferramentas apresentam a beleza das próprias mãos humanas, a mais perfeita de todas as ferramentas. Ferramentas, instrumentos e veículos tradicionais desenvolvidos em contextos nos quais o acesso aos materiais é limitado, como no caso das várias culturas esquimó, apresentam uma beleza especialmente convincente e tocante que une o prazer estético à pura alegria da descoberta.

Também as edificações, como as casas projetadas por Glenn Murcutt na Austrália – que são perfeitamente adaptadas a seus contextos e suas exigências funcionais e expressam com precisão as condições climáticas e suas essências estruturais e materiais, sem qualquer intenção estetizante gratuita –, se transformam em uma espécie de ferramenta arquitetônica, com a mesma inevitabilidade e beleza das ferramentas dos artesãos. Devido à complexidade indefinível das mãos, suas ações e relações com o resto do corpo e também o cérebro, até mesmo simples ferramentas manuais são, em última análise, ferramentas do corpo. Ainda assim, a complexidade do desempenho das ferramentas varia daquelas que são utilizadas com uma mão às utilizadas com duas mãos, chegando aos instrumentos e às máquinas que de fato funcionam como extensões de toda a constituição neurológica e corporal humana, como a bicicleta, o automóvel e o avião. Da mesma maneira que a fronteira entre o martelo e a mão desaparece quando se está martelando, ferramentas complexas como instrumentos musicais se fundem com o corpo do usuário: um grande músico toca a si próprio, em vez de tocar um instrumento separado. No desenho e na pintura, o lápis e o pincel se tornam extensões inseparáveis da mão e da mente. Um pintor pinta por meio da intencionalidade inconsciente da mente; ele não usa o pincel como um objeto físico separado.

Não obstante estas integrações mágicas, as ferramentas não são inocentes: elas expandem nossas faculdades e guiam nossos atos e pensamentos de maneiras específicas. Afirmar que, para fins de desenho e projeto de arquitetura, o carvão, o lápis, a caneta nanquim e o mouse do computador são iguais e que podem ser trocados indistintamente é não entender absolutamente a essência da união entre as mãos, as ferramentas e o cérebro.

As mãos dos artesãos

Sempre que vejo a perfeita correspondência e a inexplicável afinidade entre a personalidade de um artesão, suas mãos e seu ambiente de trabalho, me sinto profundamente comovido. A unidade do mundo profissional de um sapateiro e suas mãos, a oficina enegrecida de um ferreiro, coberta por fuligem e impregnada com o cheiro do carvão incandescente, a atmosfera totalmente integrada da personalidade de um marceneiro, suas ferramentas, sua oficina e o cheiro limpo da madeira, assim como a unidade entre a sala de espera organizada e higiênica de um consultório de dentista e suas mãos cobertas por luvas ou mesmo a totalidade da sala de cirurgia extremamente tecnológica de um microcirurgião ou um médico, com sua máscara de proteção, são exemplos do casamento de um indivíduo e seu ofício, suas responsabilidades e seu orgulho profissional. Esta unidade reflete dedicação, determinação e esperança. Cada um destes indivíduos treinou suas mãos para aquela tarefa extremamente especializada e fez um pacto com o ofício, tornando-o o destino final de toda sua vida.

Os ateliês de arquitetos que têm uma postura de ambição humilde, autêntica e investigatória perante seu ofício geralmente expressam a personalidade de seus profissionais, bem como a devoção do criador e o respeito por seu trabalho. Estes ateliês são o auge de toda uma vida de trabalho árduo e fé na missão individual. Um senso de propósito e ordem únicos geralmente estão presentes sob a bagunça aparentemente caótica de croquis, maquetes de estudo, amostras de materiais, fotografias, notas, memorandos e livros.

Em seu livro recente, *The Craftsman*, o historiador da cultura Richard Sennet narra uma história concisa do trabalho artesanal, suas maneiras características de ação e pensamento, sua relação com as ferramentas e máquinas, o desenvolvimento das habilidades necessárias e a postura ética do artesão. A tradição do trabalho artesanal vem claramente tendo seu valor e sua apreciação resgatados na realidade atual do mundo tecnológico, da produção mecânica e da lamentável perda de contato com as mãos humanas de nossos ambientes e produtos feitos em massa e por meios mecânicos. Nas culturas tradicionais, todo o mundo em que vivemos é o

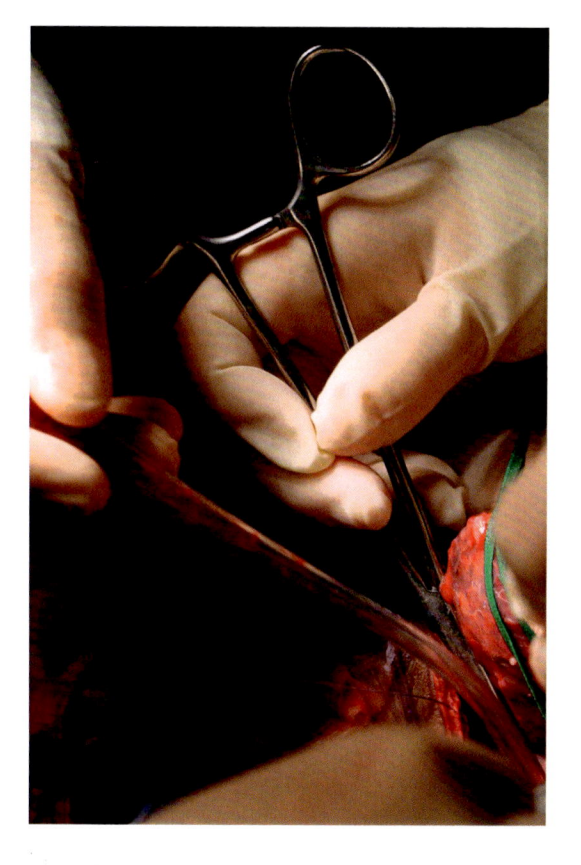

A sala de cirurgia inteira, com seus inúmeros instrumentos, máquinas e assistentes técnicos, é uma extensão das mãos do cirurgião.
As mãos de um cirurgião.

produto das mãos humanas, e a esfera diária do trabalho e da vida significa uma passagem infinita das habilidades manuais e de seus produtos aos demais indivíduos; o mundo da vida tradicional é um encontro e uma união contínuos das mãos das sucessivas gerações.

Em meu país, inúmeros trabalhos artesanais especializados e tradicionais – como a construção dos barcos de igreja tradicionais,* a confecção de cestos, a queima do alcatrão de pinho, a restauração de prédios e objetos ou a pintura que imita materiais nas edificações – praticamente se perderam no período de industrialização eufórica das décadas de 1960 e 1970. Felizmente, um novo interesse pelas tradições seguiu a fúria industrial e salvou estes e muitos outros trabalhos artesanais, mas ainda há inúmeros trabalhos manuais e uma imensa variedade de conhecimentos não verbalizados distribuídos pelo mundo, arraigados em antiquíssimos ofícios e estilos de vida que precisam ser preservados e resgatados. Estas tradicionais práticas cumulativas de uso das mãos humanas ao redor do mundo formam as verdadeiras habilidades de sobrevivência da humanidade.

Uma semelhança surpreendente entre a própria personalidade de um artista e sua obra, ressaltando a interação entre o senso de individualidade do artista e sua obra. Henri Cartier-Bresson, *Alberto Giacometti na rue d'Alésta*, Paris, 1961.

O trabalho artesanal surge da habilidade manual, do treinamento e da experiência – compromissos e decisões pessoais. "Todo bom artesão mantém

---

* N. de T.: Barcos de igreja (*kirkkovene*) são barcos tradicionais finlandeses utilizados especialmente para levar às igrejas os fiéis das comunidades afastadas.

um diálogo entre as práticas concretas e o pensamento; seu diálogo evolui em hábitos sustentáveis, e estes hábitos estabelecem um ritmo entre a resolução de problemas e a busca de problemas", ressalta Sennett.³ Até mesmo compositores, poetas e escritores frequentemente se consideram artesãos. Anton Chekhov usou a palavra russa *mastersvo* para descrever seu ofício tanto como médico quanto como escritor. Jorge Luis Borges também considerava artesanal o trabalho de um escritor, e esta postura é vista no próprio nome de suas aulas em Harvard, entre 1967 e 1968, publicadas em um livro com o título de *This Craft of Verse*.⁴

Além da ferramenta, a habilidade prática de um ofício artesanal envolve a imaginação com as mãos; todo exercício artesanal magistral projeta determinada intencionalidade e uma versão imaginada da tarefa completada ou do objeto em questão. Richard Sennett faz duas assertivas fundamentais sobre a interação entre as ações corporais das mãos e a imaginação:

Alberto Giacometti, *Mulher de Pé*, 1948. Estátua fundida em 1949.

> Em primeiro lugar, que todas as habilidades, até mesmo as mais abstratas, começam como práticas corporais; em segundo, que o entendimento técnico se desenvolve por meio dos poderes da imaginação: O primeiro argumento foca o conhecimento ganho pelas mãos com o toque e o movimento. O argumento sobre a imaginação começa com a exploração da linguagem que busca dirigir e guiar as habilidades corporais.⁵

O artesão precisa desenvolver relações específicas entre o pensamento e a elaboração, a ideia e a execução, a ação e a matéria, o aprendizado e o

John Berger, Desenhos da Caverna de Chauvet.
Capa do livro de Berger, *Berger on Drawing* (Occasional Press, Aghabullogue, County Cork, 2007).

desempenho, a identidade própria e o trabalho, o orgulho e a humildade. O artesão precisa incorporar a ferramenta ou o instrumento, internalizar a natureza do material e eventualmente se tornar seu próprio produto, seja este material ou imaterial. A semelhança física ou a ressonância entre o artista/criador e sua obra é muitas vezes surpreendente; basta pensar na figura esbelta e melancólica de Alberto Giacometti e suas esculturas erodidas de indivíduos solitários caminhando e se apegando timidamente à superfície da Mãe Terra por meio de seus enormes pés.

Em seu livro *Berger on Drawing*, John Berger ressalta esta identificação ou fusão entre o criador e seu produto no ofício de desenhar: "Cada confirmação ou negação o aproxima do objeto, até o momento que é como se você estivesse dentro dele: os contornos que você desenhou já não marcam os limites daquilo que você viu, mas os limites daquilo no qual você se tornou."[6]

Tapio Wirkkala (1915-85), o lendário desenhista de produto e mestre artesão finlandês, trabalhava com praticamente qualquer material, e até mesmo como desenhista industrial esculpia pessoalmente os moldes de grafite para os protótipos de seus objetos em vidro. Seu controle manual perfeito era igualmente expresso cortando finas e homogêneas fatias de pão de centeio finlandês ou de filé de peixe, entalhando parte de uma escultura ou o protótipo de um objeto, ou desenhando com as duas mãos

Capítulo 2 As Mãos Trabalhadoras 57

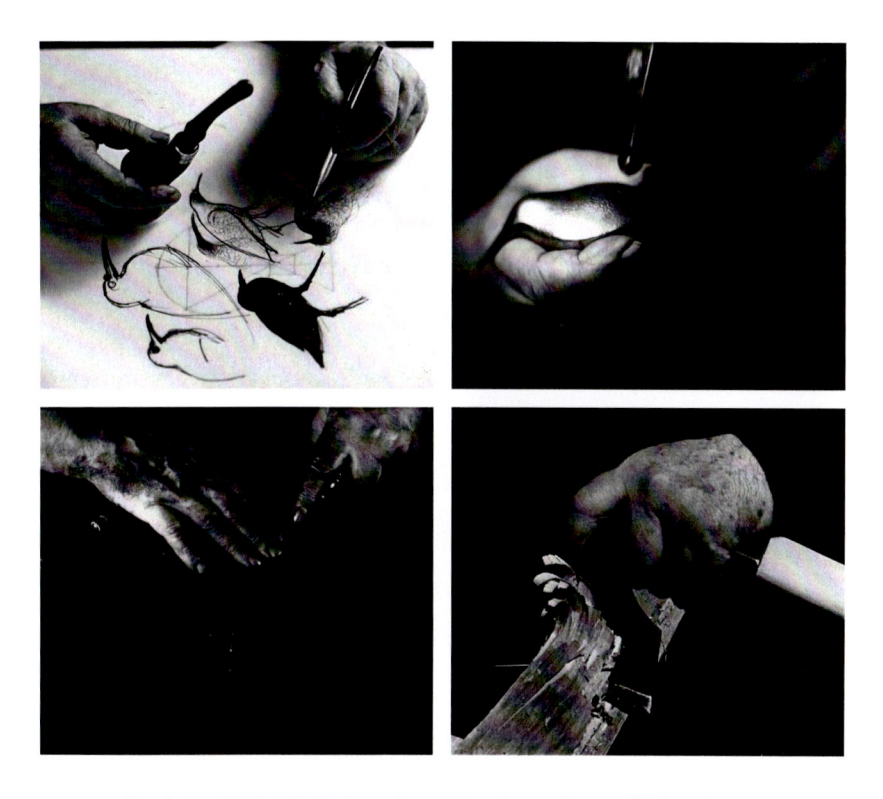

As mãos do criador: Tapio Wirkkala, o desenhista de produto, trabalhando em um desenho, terminando o padrão superficial de uma escultura de pássaro em bronze fundido, entalhando um molde de grafite para um objeto de vidro e desbastando madeira com um machado que ele próprio desenhou.

um círculo perfeito em um quadro negro. Sua capacidade de desenhar e escrever era a mesma com ambas as mãos, e ele inclusive passava o lápis de uma mão à outra durante a escrita ou no meio de um desenho. Suas mãos apresentavam a mesma determinação e habilidade no entalhe de uma enorme escultura em madeira compensada de bétula com o uso de ferramentas elétricas, na gravação de um objeto de vidro com uma ponta de diamante ou no desenho de um minúsculo selo postal.

Wirkkala explica sua relação com os materiais: "Fazer as coisas com minhas mãos significa muito para mim. Poderia até mesmo dizer que quando esculpo ou modelo os materiais da natureza, isso tem um efeito quase terapêutico. Os materiais me inspiram e me conduzem a novos experimentos. Eles me transportam a outro mundo. Um mundo no qual,

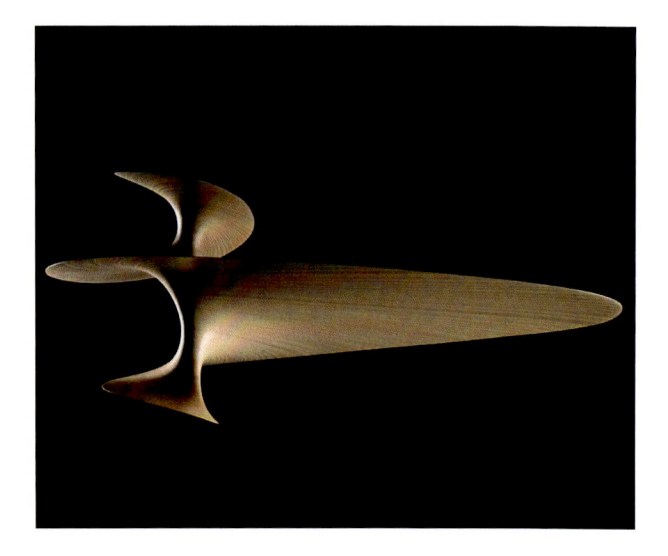

Tapio Wirkkala, *Redemoinho*, madeira de bétula compensada e laminada, 140 × 159 cm, 1954.

se minha visão falha, as pontas de meus dedos veem os movimentos e a emergência contínua das formas geométricas."[7] Ele frequentemente usava a expressão "olhos nas pontas dos dedos", para se referir à sutileza e à precisão do tato nas mãos.

A obra do artesão implica a colaboração com seus materiais. Em vez de impor uma ideia ou forma pré-concebida, ele precisa ouvir seu material. Brancusi foi o mágico da forma pura, mas ele também se preocupava muito com as propriedades inatas dos materiais. "[V]ocê não pode fazer aquilo que quer fazer, mas deve fazer o que o material lhe permite fazer. Você não pode fazer com o mármore o que faria com a madeira ou fazer com a madeira o que faria com a pedra [...] Cada material tem sua própria vida, e não podemos impunemente destruir um material vivo para fazer uma coisa insensata e tola. Ou seja, não devemos fazer com que os materiais falem nossa linguagem, devemos acompanhá-los até o ponto em que os outros entendam suas linguagens."[8]

Wirkkala, outro mestre da forma, expressa exatamente as mesmas preocupações: "Todos os materiais têm suas próprias leis não escritas. Você jamais deve violar o material com o qual está trabalhando. O propósito de um desenhista de produto é estar em harmonia com o material. O artesão tem a vantagem de que em cada etapa do trabalho seu material está em suas mãos, para que possa senti-lo e comandá-lo. Na indústria, o material

Capítulo 2   As Mãos Trabalhadoras   **59**

As esculturas e os relevos em madeira de Kain Tapper são tanto produtos do tato de suas mãos e da sensibilidade dos músculos de seu corpo como produtos de suas aspirações visuais.
Kain Tapper, *Vento*, madeira de bétula, 120 × 120 cm, 1964, Museu de Arte Amos Anderson, Helsinque.

está constantemente subordinado a alguma lei e máquina pré-estabelecidas e, uma vez começado o trabalho, é difícil fazer mudanças."[9]

O escultor finlandês Kain Tapper (1930–2004) confiava no toque de suas palmas, em vez de seus olhos, para dar acabamento à fluidez da forma ou ao ritmo da textura superficial de suas esculturas de madeira e pedra. Ele gostava de polir suas peças de pedra às margens de um lago, pois sentia que a horizontalidade da superfície da água e a permanência da linha do horizonte afiavam sua visão e seu tato. Seus sutis relevos de madeira poderiam ser chamados de "pinturas táteis", já que sensibilizam tanto as mãos e a pele quanto os olhos.

Em outro contexto, Wirkkala fala sobre a interação de duas atividades manuais, o desenho e a elaboração de modelos:

> Um desenho ou esboço é uma ideia que oferece a base para se começar a trabalhar. Eu faço dezenas – às vezes centenas – de esboços. Dentre eles, seleciono os que oferecem algum potencial para desenvolvimento. Para mim, é importante ver o objeto como algo concreto antes de enviá-lo ao fabricante. Fazer um modelo é um aspecto essencial de meu trabalho. Eu produzo o mo-

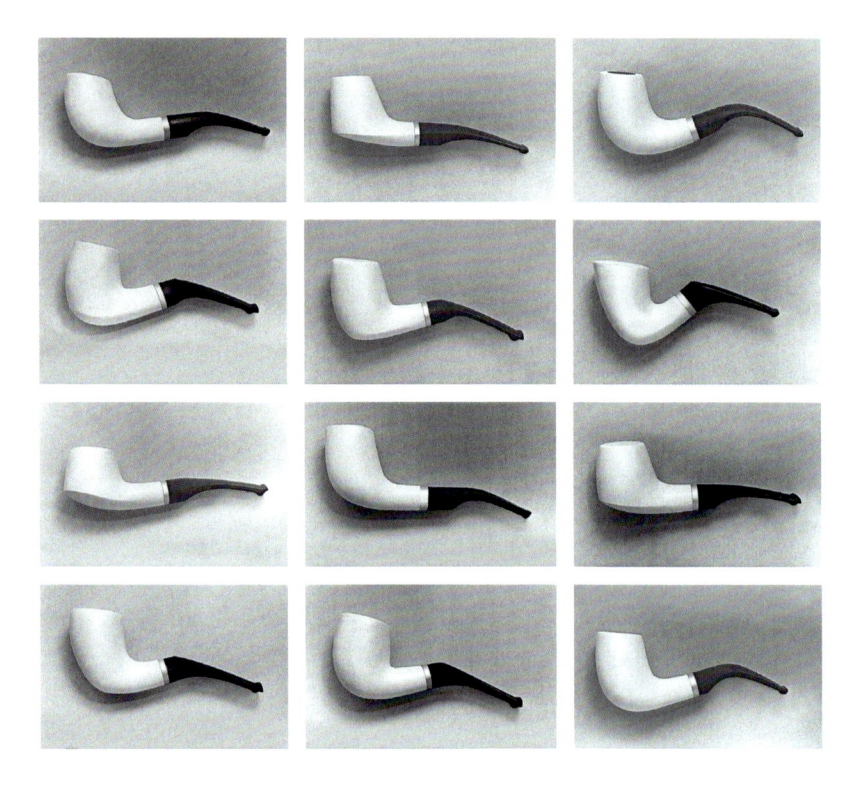

Um verdadeiro artesão não fica preso a uma única ideia, uma vez que a ideia formal frequentemente dá origem a uma família de variações.
Tapio Wirkkala, modelos de cachimbo, *meerschaum* (espuma do mar) e náilon, 1974-6.

delo com algum material sólido. Não faço apenas um modelo, mas diversos modelos que possa comparar e deles selecionar um para continuar trabalhando. Deste modo, a ideia se torna mais clara e os erros ficam mais aparentes.[10]

Até mesmo na era do projeto assistido por computador (CAD) e das maquetes eletrônicas, os modelos ou as maquetes tradicionais são recursos incomparáveis no processo de projeto de um desenhista de produto ou arquiteto. O modelo físico ou a maquete tridimensional falam com nossas mãos e corpos de maneira tão poderosa quanto com nossos olhos, e o próprio processo de construir um modelo ou uma maquete simula o processo da construção da obra final.

Modelos e maquetes são usados para vários propósitos: eles são uma maneira de esboçar rapidamente a essência de uma ideia; um meio para o pensamento e o trabalho, a concretização ou a elucidação das ideias próprias de uma pessoa; um meio para apresentar um projeto ao cliente ou às autoridades; e um modo de analisar e apresentar o conceito fundamental do projeto. As maquetes também são utilizadas para estudar aspectos específicos dos projetos de arquitetura, como a iluminação ou a acústica. A maquete tanto concretiza como externaliza ideias: a escala muitas vezes diminuta da maquete e a externalidade do observador convidam e permitem a identificação e o julgamento de aspectos que de resto poderiam se perder. A maquete ajuda o arquiteto a pensar no projeto em sua plena totalidade espacial, como observa Henry Moore. Além de sua função principal como mediadoras e facilitadoras do próprio processo de projeto, as maquetes de arquitetura são muitas vezes concebidas e produzidas como objetos de arte semi-independentes, ou, pelo menos, como objetos para apreciação estética.[11]

As maquetes de arquitetura podem ser minúsculas e ainda assim servir como importantes ferramentas de projeto para a materialização de ideias.
Gerrit Thomas Rietveld, Pavilhão de Esculturas Sonsbeek, Arnhem, 1954. Uma minúscula maquete de conceito do projeto na mão do próprio arquiteto.

O trabalho artesanal feito em colaboração

Ao desenhar, um projetista ou arquiteto maduro não enfoca nas linhas do desenho que ele próprio está visualizando: sua mente é que segura o objeto em suas mãos ou que ocupa o espaço sendo projetado. Durante o

As maquetes de arquitetura às vezes são construções enormes nas quais até mesmo as pessoas podem entrar, particularmente no caso de maquetes para ensaios de acústica feitas para casas de concerto.
Eero Saarinen e Cesar Pelli junto à maquete do Terminal da Trans World Airlines do Aeroporto John F. Kennedy, Nova York, Estados Unidos, 1956–62.

processo de projeto, o arquiteto ocupa a própria edificação que as linhas do desenho representam. Como consequência da transferência mental entre a realidade do desenho ou da maquete e a realidade do projeto, as imagens com as quais o projetista avança não são meras representações visuais, elas se constituem em uma realidade totalmente tátil e multissensorial da imaginação. O arquiteto se desloca livremente dentro do prédio concebido, por maior e mais complexo que ele seja, como se estivesse caminhando em um prédio, tocando em todas as suas superfícies e sentindo suas materialidades e texturas. Sem dúvida, esta intimidade é difícil ou mesmo impossível de simular por meio de maquetes eletrônicas ou outras simulações com o auxílio de computador.

Ao trabalhar em um desenho você pode tocar de maneira concreta em todas as bordas e superfícies do objeto projetado por meio da ponta do lápis, que se transforma em uma extensão da ponta de seus dedos. A conexão entre mãos, olhos e mente existente em um desenho é natural e fluente, como se o lápis fosse uma ponte que mediasse as duas realidades, e o foco pode oscilar constantemente entre o desenho físico e o objeto não existente do espaço mental representado pelo desenho.

Desenhos e modelos ou maquetes têm o propósito duplo de facilitar o processo de projeto propriamente dito e de mediar nossas ideias a outras pessoas. Os desenhos de um projeto executivo, no fim, transmitem as instruções do projeto concluído aos artesãos e construtores, para fins de execução. Há um elemento mágico mesmo nesta fase final de transmis-

Até mesmo a tectônica de um edifício fabuloso muitas vezes irradia uma ideia de inspiração do arquiteto que o projetou. Lars Sonck, Catedral de Tampere, Finlândia, 1902–7.

são das instruções para execução, o qual geralmente é considerado como uma mera necessidade que apenas requer precisão e clareza de lógica na comunicação. Muitas vezes me espantei com as paredes de pedra natural da Catedral de Tampere, projetada por Lars Sonck (1870–1956), que parecem irradiar um senso extraordinário de atenção e esmero, como se cada uma das pedras tivesse sido selecionada e posicionada durante um estado de inspiração ou êxtase do arquiteto. Vibrando sob a luz e expressando toda a história de uma tradição de prédios de tijolo, as paredes de tijolo vermelho da Prefeitura de Säynätsalo (1948–52) ou da Universidade de Jyväskylä (1952–7), de Alvar Aalto, e outros prédios de seu "período vermelho", também projetam um poderoso convite tátil que fala sobre o ofício do pedreiro e o tato das mãos, enquanto os mesmos tijolos vermelhos de um prédio vizinho, projetado por um arquiteto menos talentoso, parecem ser superfícies sem vida feitas de elementos de construção industrializados e produzidos em massa.

Uma parede composta de tijolos com desenho especial, em forma de cunha, de modo a permitir a formação de superfícies tanto côncavas como convexas. A parede de tijolo projeta uma sensação rara de autoridade e atemporalidade. O cômodo que se projeta no volume principal é resultado de uma improvisação do arquiteto no fim do projeto.
Alvar Aalto, Casa da Cultura, Helsinque, Finlândia, 1952–8.

Conta-se que o genial arquiteto sueco Sigurd Lewerentz (1885–1975) chegava nos canteiros de obra de suas igrejas de São Marcos de Björkhagen (1956–60) e São Pedro de Klippan (1953–6) de manhã cedo, quando os pedreiros estavam começando a trabalhar e, sentado em uma cadeira, apontava com seu guarda-chuva para um tijolo de cada vez em uma pilha e então para seu destino na parede de tijolo à vista que estava sendo construída. Nas abóbadas e paredes de Lewerentz, construídas com grandes juntas argamassadas, cada tijolo mantém sua individualidade, e a rusticidade da alvenaria expressa a forma concreta do trabalho do arquiteto; olhando para elas quase conseguimos sentir o cheiro do suor e ouvir a conversa informal dos pedreiros. Dizem também que Lewerentz contou uma mentira inofensiva aos pedreiros: as superfícies de tijolo seriam posteriormente rebocadas; caso contrário os trabalhadores não teriam concordado em executar paredes tão grosseiras,

A alvenaria de tijolo muito rústica das igrejas tardias de Sigurd Lewerentz nos fala de tectônica e trabalho manual. Sigurd Lewerentz, Igreja de São Marcos, Björkhagen (Estocolmo), Suécia, 1956–60.

de acordo com as práticas profissionais atuais, com rígidos padrões de qualidade. Seja verdade ou não, esta história enfatiza a importância da intencionalidade e da comunicação humana íntima mesmo em trabalhos que parecem ser mecânicos.

A maioria dos desenhistas de produto – como os artistas do vidro e desenhistas de móveis, sem falar nos arquitetos – raramente faz os objetos que eles próprios projetam. Consequentemente, eles precisam entender as possibilidades e os limites dos materiais e dos ofícios e comunicar suas ideias e intenções aos artesãos especializados, cujas mãos se tornam as mãos substitutas do projetista, que irão executar a obra. O arquiteto muitas vezes precisa de todo um exército de mãos substitutas, tanto em seu ateliê como no canteiro de obras, para que seu projeto seja executado. No caso dos objetos de vidro ímpares desenhados por Tapio Wirkkala para a empresa Venini, de Veneza, o desenhista finlandês colaborou com os conhecimentos e as habilidades acumulados nas fábricas de Murano ao longo de várias gerações de mestres sopradores de vidro venezianos. Os conhecimentos compartilhados sobre o material, a ambição comum de alcançar o limite da capacidade do trabalho artesanal em vidro e da capacidade pessoal do artista e a lógica do trabalho propriamente dita ofereceram a sintaxe para a linguagem não verbal entre o desenhista de produto finlandês e o fabricante veneziano. Na verdade, o colaborador do projetista foi a antiquíssima tradição da arte do vidro soprado, e não um único artesão.

Eu costumava pensar que o dever do arquiteto era projetar prédios e detalhes que fossem os mais fáceis possíveis de executar. Quando me dei conta de que todo profissional sério tem sua ambição e orgulho próprios, mudei totalmente de opinião. Artesãos e construtores habilidosos gostam de enfrentar desafios, e consequentemente o trabalho precisa atingir o potencial máximo do criador, para que possa dar a inspiração e a satisfação desejadas. Um trabalho simples e repetitivo demais mata a ambição, a autoestima, o orgulho e, por fim, o próprio trabalho artesanal. O mais importante de tudo é que o trabalho colaborativo exige respeito mútuo. Alvar Aalto era um mestre na comunicação com os vários profissionais e artesãos envolvidos em suas várias realizações: o acadêmico extremamente respeitado falava com um carpinteiro e pedreiro em pé de igualdade e os inspirava a internalizar suas obras e desempenhá-las no limite de suas capacidades profissionais.

Tapio Wirkkala colaborou com os mestres sopradores de vidro da Fábrica de Vidro Venini, de Murano, e esta interação levou o antiquíssimo domínio da arte de soprar vidro a novas alturas. Os objetos de vidro desenhados por Wirkkala para a Venini homenageiam a longa tradição veneziana de soprar vidro.
Tapio Wirkkala, prato *Coreano*, diâmetro de 40 cm. Vidro soprado de forma livre nas cores turquesa e verde maçã sobrepostas em redemoinho.

O domínio pessoal de um ofício ajuda o desenhista de produto e o arquiteto a entenderem as nuanças de outros ofícios e, acima de tudo, a respeitar as habilidades especiais e a experiência do artesão que está executando sua obra. Além disso, o aprendizado profundo de qualquer habilidade nos ensina a valorizar a humildade. A arrogância não combina com a verdadeira habilidade.

A arquitetura como trabalho artesanal

Tradicionalmente, o trabalho de um arquiteto era considerado como artesanal ou próximo à ideia de um trabalho artesanal. As ideias de arquitetura surgiam em íntima interação com a própria execução das obras, e os desenhos não surgiram como meio de projeto da arquitetura até o Renascimento.[12] Antes disso, a arquitetura era vista como uma ocupação manual, assim como a pintura e a escultura. Para elevar estas artes manuais e mecânicas ao nível das "artes liberais" da aritmética, geometria, astronomia e música que compunham o *quadrivium* das artes matemáticas, estas práticas tiveram de receber uma base teórica – isto é, matemática –, algo que então foi encontrado na teoria da música.[13] A essência da arquitetura estava, em grande parte, nas questões práticas técnicas, como mostra, por exemplo, o tratado pioneiro de Vitrúvio (84–14 a.C.), *De architectura libri decem* (*Os Dez Livros de Arquitetura*). Além de conceber o princípio estrutural inovador para a resolução da cúpula da catedral de Santa Maria del Fiore em Florença (1417–46) – a qual, tendo 43 metros de diâmetro e 115 metros de altura, foi construída com duas cascas nervuradas sobrepostas e sem o uso de cimbramento –, Fillipo Brunelleschi, relojoeiro de formação, também teve de inventar todos os equipamentos para o transporte e a elevação às enormes alturas dos gigantescos blocos de pedra que compõem o domo. Não devemos nos esquecer de que os grandes arquitetos da Renascença geralmente também eram pintores e escultores.

Em alguns países, como a Dinamarca, existe um caminho alternativo e tradicional para o ingresso na carreira de arquiteto: os ofícios da construção civil, como a alvenaria, a carpintaria ou a marcenaria. A conexão com o canteiro de obras e os processos da construção também era tradicionalmente forte na profissão do arquiteto, até a chegada da era moderna que, entretanto, passou a enfatizar a especialização e a consequente separação do arquiteto das atividades físicas da construção. O início como aprendiz em um canteiro de obras era parte obrigatória na formação de um arquiteto, que costumava praticar um ofício artesanal, o desenho, a pintura ou a escultura, como passatempo ou meio de adquirir habilidades manuais, realizar experimentos formais, reforçar a relação entre a prática profissional em arquitetura e as realidades da execução – ou seja, entre a ideia e a matéria, a forma e sua execução.

No entanto, durante as décadas após a Segunda Guerra Mundial, a ênfase intelectual na educação em arquitetura e o crescente distanciamento prático e intelectual entre o ateliê do arquiteto e o canteiro de obras têm enfraquecido de maneira decisiva a essência artesanal do trabalho do arquiteto. Hoje, o arquiteto geralmente atua a distância, em seu escritório e por meio de desenhos e de especificações escritas, de maneira muito similar a um advogado, em vez de estar diretamente envolvido com os processos materiais e físicos da execução de seus projetos. Além disso, a crescente especialização e divisão do trabalho dentro da própria prática em arquitetura tem fragmentado a entidade tradicional da identidade própria do arquiteto, seus processos de trabalho e seus resultados finais. Por fim, o uso do computador interrompeu a conexão sensorial e tátil entre a imaginação e o objeto do projeto.

Estudantes de arquitetura executam estruturas de madeira experimentais no Ghost International Arquitetural Laboratory, fundado e dirigido por Brian MacKay-Lyons na Nova Escócia. O "acampamento de construção" vem ocorrendo todo verão desde 1994. Ghost 7, 2006.

Os escritórios dos Estados Unidos que projetam e também constroem – como o Rural Studio de Sam Mockbee, no Alabama, a empresa de Rick Joy, no Arizona, e a de Dan Rockhill, no Kansas – resgataram a relação íntima entre projetar e executar, pensar e fazer. Os escritórios que executam seus projetos também fazem o projetista retomar totalmente a execução e o detalhamento, o que, em tese, elimina o conservadorismo e a falta de cuidado das empreiteiras atuais. O Studio 804, de Rockhill, e o Ghost International Arquitetural Laboratory, de Brian MacKay-Lyons, na Nova Escócia, são exemplos de cursos de arquitetura que buscam retomar o vínculo entre o ensino de arquitetura e as práticas e os processos da execução dos projetos.

Pequenos escritórios de arquitetura do mundo inteiro frequentemente abraçam um *ethos* de trabalho artesanal e mantêm uma relação tátil e intimista com suas obras. Renzo Piano é, sem dúvida, um dos mais sofisticados arquitetos *high-tech* da atualidade, mas ele tem mantido de propósito uma abordagem artesanal aos processos de projeto de arquitetura, à experimentação e à execução das obras. Piano explica seus métodos de trabalho quase artesanais da seguinte maneira: "Você começa fazendo esboços, depois faz um desenho, faz uma maquete, entra na realidade – vai ao terreno – e então retoma o desenho. Você compõe uma espécie de circuito entre o desenho e a execução e volta ao início."[14] Aqui, a abordagem do arquiteto parece estar próxima ao método de trabalho do artesão-projetista exemplificado por Tapio Wirkkala. O aspecto importante do processo é o "circuito", a oscilação constante de pontos de vista entre a ideia e o esboço, a maquete, o teste em escala real. Como consequência deste processo árduo e complexo, o prédio existe como uma construção mental totalmente imaterial muito tempo antes de começarem as verdadeiras obras de execução. Na verdade, o prédio muitas vezes já foi construído e testado como construção mental com diversas alternativas antes que o conceito final seja escolhido.

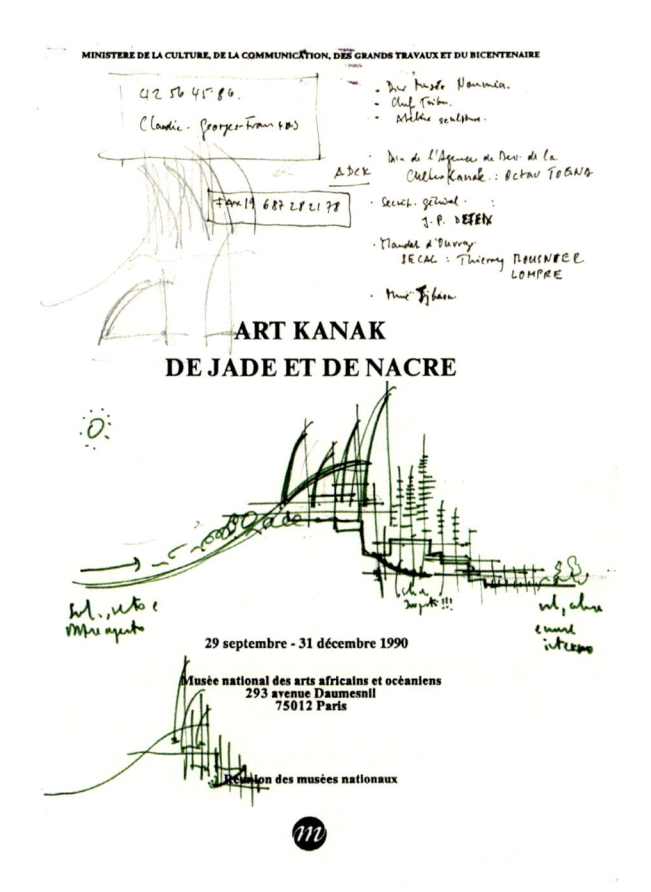

Renzo Piano enfatiza o "circuito" de seu processo de projeto – a oscilação constante entre desenhar, fazer maquetes e testar.
Renzo Piano, croqui para o Centro Cultural J.M. Tjibaou, em Nouméa, Nova Caledônia, Canadá, 1990.

A repetição incansável é uma característica essencial do modo de trabalho de Renzo Piano. "Esta é uma abordagem muito típica do artesão. Você pensa e faz ao mesmo tempo. Você desenha e faz. O desenho [...] é revisitado. Você faz, refaz e faz de novo."[15] Piano denominou, de modo apropriado, seu escritório de "Renzo Piano Building Workshop" (Oficina de Edificação Renzo Piano), para refletir a ideia de trabalho em equipe e sugerir as longas tradições das oficinas de artesãos e artistas desde a Idade Média, com seus relacionamentos íntimos entre o mestre, o aprendiz e o trabalho. A sensação de estar em uma oficina pertencente a uma corporação de ofício medieval distingue a oficina de Renzo Piano, refletindo a materialidade e a tectônica de suas coisas, bem como seu trabalho físico, e distanciando-o do asseio e da esterilidade dos escritórios de arquitetura atuais, que mais parecem salas de executivos.

Maquetes e protótipos da Renzo Piano Building Workshop.

Em minha opinião, a conexão entre os processos de execução ainda é fundamental, e um arquiteto sábio de hoje busca construir profundas amizades pessoais com trabalhadores manuais, artesãos e artistas, para reconectar seu mundo e sua maneira de pensar intelectualizados com a fonte de todo conhecimento verdadeiro: o mundo real da materialidade e da gravidade, e compreensão sensorial e corporificada destes fenômenos físicos.

Referências

1 Martin Heidegger, "What calls for thinking", *Basic Writings*, Harper & Row (New York), 1977, p. 357.
2 Michel Serres, *Five Senses*, citado em Steven Connor, "Michel Serres', Five Senses", *Empire of the Senses*, David Howes, ed., Berg Publishers (Oxford and New York), 2005, p. 311.
3 Richard Sennett, *The Craftsman*, Yale University Press (New Haven & London), 2008, p. 9.
4 Jorge Luis Borges, *This Craft of Verse*, Harvard University Press (Cambridge, Massachusetts and London, England), 2000.
5 Sennett, p. 35.
6 John Berger, *Berger On Drawing*, edited by Jim Savage, Occasional Press (Aghabullogue Co. Cork), Ireland, 2007, p. 3.
7 Citado em Juhani Pallasmaa, "The World of Tapio Wirkkala", *Tapio Wirkkala: Eye, Hand and Thought*, Taideteollisuusmuseo. Werner Söderström Oy (Helsinki), 2000, p. 21.
8 Citado por Dorothy Dudley, "*Brancusi*", Dial 82 (February 1927), p. 124. Citado em Eric Shanes, *Brancusi*, Abbeville Press (New York), 1989, p. 106.
9 Citado em Pallasmaa, p. 22.
10 Citado em Pallasmaa, p. 21.
11 Para um estudo sobre as maquetes de arquitetura, veja Mark Morris, *Models: Architecture and the Miniature*, Wiley Academy (Chichester, England), 2006.
12 Para o surgimento da prática do desenho de arquitetura, veja: Cammy Brothers, *Michelangelo, Drawing, and the Invention of Architecture*, Yale University Press (New Haven and London), 2008.
13 Rudolph Wittkower, *Architectural Principles in the Age of Humanism*. Random House (New York), p. 110.
14 Citado em Sennett, p. 40.
15 Citado em Sennett, p. 40.

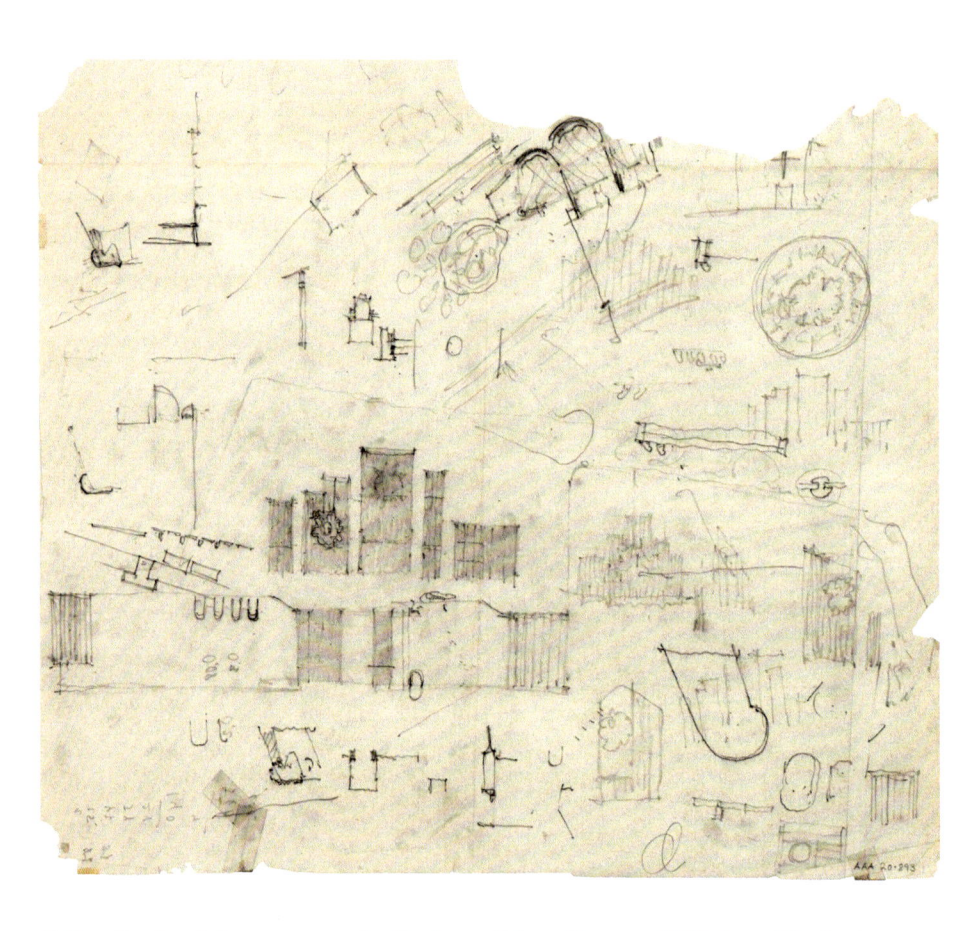

Na investigação criativa, as ações das mãos, dos olhos e da mente se fundem em um processo singular de varredura semi-inconsciente. Aqui, a atenção do arquiteto oscila constantemente entre a planta baixa, o corte e vários detalhes. Alvar Aalto, croquis iniciais para a Igreja das Três Cruzes de Vuoksenniska, Imatra, Finlândia, supostamente de 1955. Lápis sobre papel-manteiga.

3
A Fusão entre Mãos, Olhos e Mente

"Esta imagem [do modelo do artista] me é revelada como se cada traço do carvão apagasse do vidro parte da bruma que até então havia me impossibilitado de vê-la [...] por trás da névoa desta imagem incerta posso sentir uma estrutura de linhas contínuas. Esta estrutura solta minha imaginação, que trabalha, na próxima sessão, de acordo com a inspiração que vem tanto da estrutura como diretamente do modelo. [...] Os desenhos que contêm todas as observações sutis feitas durante o trabalho surgem de uma fermentação interna, como bolhas em um lago."

Henri Matisse[1]

A experimentação e a arte do jogo

David Pye, em seu livro *The Nature and Art of Workmanship*, divide o artesanato em duas categorias: "trabalho artesanal de risco" e "trabalho artesanal com segurança". A primeira postura "significa que, a qualquer momento, seja devido à falta de atenção, à inexperiência ou a um aciden-

74 As Mãos Inteligentes

"Trabalho artesanal de risco", no qual um único escorregão da ferramenta destruiria toda a peça. David Pye, tijela de nogueira inglesa.

te, o trabalhador está sujeito a arruinar a obra". Na segunda abordagem, "a qualidade do resultado é pré-determinada e está além do controle do operador". David Pye, ele próprio um mestre artesão de requintados objetos de madeira, conclui: "Todos os trabalhos dos homens mais admirados desde o início da história têm sido executados pelo artesanato de risco, com exceção apenas das últimas três ou quatro gerações".[2]

Esta instigante separação das práticas de trabalho artesanal em duas categorias com suas conotações éticas distintas também se aplica aos escritórios de arquitetura da atualidade. A maioria dos escritórios aplica métodos e soluções padronizados bastante tradicionais e testados, enquanto os ateliês mais ambiciosos e corajosos tendem a experimentar com estruturas, formas, materiais e detalhes inovadores e suas combinações. Estes escritórios estão dispostos a empregar um "trabalho artesanal de risco". O "risco" geralmente implica a incerteza mental de avançar sobre caminhos ainda não percorridos, uma vez que os riscos verdadeiros em termos de segurança, durabilidade, aparência e outros fatores geralmente podem ser minimizados com a experiência de trabalho, cálculos cuidadosos, pesquisas, experiências e testes de laboratório, ou com protótipos. O risco é concentrado na personalidade do arquiteto e seus valores, credos e ambições – ou seja, em sua identidade pessoal e como profissional. O estado criativo é uma condição de imersão tátil na qual a mão explora, busca e toca de maneira semi-independente. Reima Pietilä (1923–93), o arquiteto finlandês, comparava o processo de projeto com a caça e a pesca: você não tem como saber ao certo o que pegará ou mesmo se pegará alguma coisa. O método de trabalho de

Capítulo 3   A Fusão entre Mãos, Olhos e Mente   75

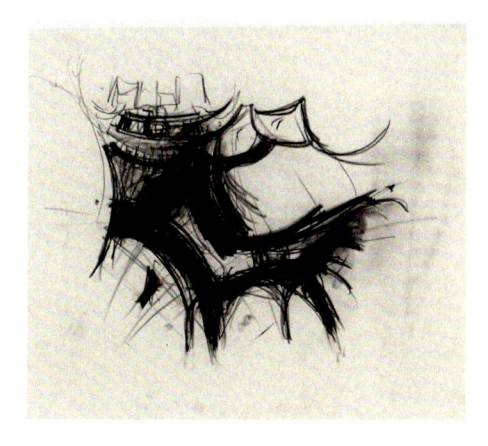

Investigação tátil por meio de esboços. Dois croquis iniciais para a forma não geométrica do projeto de arquitetura. Raili e Reima Pietilä, Igreja de Kaleva, Tampere, Finlândia, concurso de 1959, execução entre 1964 e 1966. Dois croquis iniciais em carvão.

Pietilä era uma fusão curiosa de explorações linguísticas e visuais; seus croquis pareciam tão investigativos como se fossem palavras inventadas, enquanto sua linguagem oral e escrita frequentemente projetava características de seus esboços. Tanto suas linhas como palavras investigavam e moldavam os limites de um território desconhecido. Estudos sobre a morfologia das paisagens finlandesas características frequentemente revelavam ao arquiteto a linguagem formal, a estrutura, a textura e o ritmo de seus projetos.[3]

Alvar Aalto nos oferece uma revelação rara e intimista do processo de criação por experimentação e associação de uma grande mente, indicando o papel fundamental da mão distraída e sua ação aparentemente inconsciente e aleatória durante o desenho de um croqui:

> É isso que faço – às vezes de maneira bastante instintiva. Esqueço todo o labirinto de problemas por alguns instantes, assim que uma ideia sobre a tarefa e todas as exigências envolvidas se firmou em meu subconsciente. Passo então para um método de trabalho muito parecido com a arte abstrata. Eu simplesmente desenho por instinto; não faço sínteses de arquitetura, mas desenhos que às vezes são composições bastante infantis e, desta maneira, sobre uma base abstrata, a ideia principal gradualmente toma forma... uma espécie de substância informal que me ajuda a pôr em harmonia os inúmeros componentes contraditórios.[4]

Croquis iniciais de Alvar Aalto de "uma montanha fantástica, com laterais iluminadas por muitos sóis" durante o processo de projeto da Biblioteca Municipal de Viipuri, Viipuri, Finlândia, 1927–35.

A abordagem de Alvar Aalto ao projeto ressalta que, no trabalho criativo, uma consciência focada precisa ser momentaneamente relaxada e substituída por um modo de varredura mental corporificado e inconsciente. Os olhos e o mundo externo são dimerizados por um instante, enquanto a consciência e a visão são internalizados e corporificados:

> Quando projetei a Biblioteca Municipal de Viipuri (e tive bastante tempo – cinco anos inteiros), passei longos períodos como se estivesse buscando um foco, por meio de desenhos ingênuos. Desenhei todos os tipos de montanhas fantásticas, com laterais iluminadas por muitos sóis em diferentes posições, o que gradualmente deu origem à ideia principal do prédio. [...] Meus desenhos infantis se relacionavam apenas indiretamente com o pensamento na arquitetura, mas certo momento eles levaram a uma interconexão entre o corte e a planta baixa e a uma espécie de unidade entre a construção horizontal e a vertical.[5]

Capítulo 3   A Fusão entre Mãos, Olhos e Mente   77

Os croquis subconscientes de Alvar Aalto, com suas "montanhas" e "muitos sóis", em determinado momento levaram-no à solução da biblioteca em vários níveis e um total de 57 claraboias cônicas de 1,8 metro de diâmetro que evitam a incidência direta do sol, que entra com um ângulo de, no máximo, 52 graus. O projeto que surgiu de rabiscos informais se transformou em um dos primeiros projetos da Arquitetura Funcionalista. Aalto costumava esboçar em papel manteiga fino em rolo, o qual permitia a criação de faixas muito longas e que ele pudesse continuar desenhando de uma maneira similar à do método do "raciocínio sequencial" ou da "escrita automática". Estas faixas de papel manteiga revelam uma vista do raciocínio do arquiteto, que oscilava constantemente entre o todo e as partes, entre ideias para as plantas baixas e os cortes e os detalhes, cálculos básicos de medidas e áreas de notas verbais. Às vezes, no meio do trabalho de outro projeto, sua mente parece passar momentaneamente para um projeto completamente distinto – ou talvez para um móvel ou uma luminária. Os croquis de Alvar Aalto mostram de maneira concreta a não

Alvar Aalto, Biblioteca Municipal de Viipuri, Viipuri, Finlândia, 1927–35.
Sala de leitura, com o acesso por baixo, a zona elevada para o balcão que estrutura a circulação e as claraboias circulares que emergiram de seus rabiscos de montanhas fantásticas imaginárias.

Alvar Aalto concebeu sua própria casa de veraneio como um experimento de arquitetura deliberado e, consequentemente, chamou-a de "A Casa Experimental".
Alvar Aalto, Casa Experimental, Muuratsalo, Finlândia, 1952–3.

linearidade do processo de projeto e o aspecto essencial da alternância entre várias escalas e aspectos de um projeto que são similares à confissão de Renzo Piano. Além da fluidez de seu processo de criação, os croquis soltos de Aalto também demonstram a colaboração contínua entre os olhos, as mãos e a mente.

No contexto de sua Casa Experimental de Muuratsalo (1952–3), Alvar Aalto ressaltou a importância da experimentação e do jogo em seu método de projeto, ao mesmo tempo enfatizando o senso de responsabilidade:

[Tenho] a firme convicção e o sentimento instintivo de que, no meio de nossa era de trabalho, cálculo e utilitarismo, devemos continuar a acreditar na importância crucial do jogo ao construir uma sociedade para seres humanos, crianças que cresceram. A mesma ideia, de uma forma ou outra, sem dúvida se encontra no fundo da mente de todo arquiteto responsável. No entanto, uma concentração unilateral no jogo nos levaria a jogar com formas, estruturas e, em determinado momento, com o corpo e a alma das outras pessoas; isso significaria fazer do jogo uma troça [...] devemos combinar o sério trabalho em laboratório com a mentalidade lúdica ou vice-versa. Somente quando as partes construtivas de um prédio, as formas delas derivadas de maneira lógica e nossos conhecimentos empíricos é [sic] colorido com o que poderíamos chamar, com seriedade, de "a arte do jogo"; a partir daí, estamos no caminho certo. A tecnologia e a economia devem estar sempre combinadas com um encanto que realce a vida.[6]

A Casa Experimental é um experimento em um nível conceitual ou filosófico, além de sê-lo no uso dos materiais e nos detalhes. A casa de veraneio de tijolo construída na área dos lagos da Finlândia, em uma região na qual predomina a tipologia da construção com madeira, reflete o imaginário de

Alvar Aalto fez inúmeros exercícios com vários métodos de vergar a madeira; além de serem experimentos técnicos, estes estudos eram concebidos como objetos de arte. Experimento com madeira vergada que justapõe um pedaço de árvore com uma "árvore artificial", bétula, 47,5 × 37,5 cm, 1947.

uma casa com átrio do Mediterrâneo, mas o projeto também apresenta experimentos nos usos variados do tijolo e da cerâmica, nas fundações de forma livre sobre rochas naturais, em um sistema estrutural também de forma livre, na calefação solar e no "efeito estético das plantas".[7]

Os experimentos escultóricos de Alvar Aalto com vários métodos para vergar madeira conduzidos enquanto o arquiteto desenvolvia seus móveis de madeira vergada, durante a década de 1930 e o início da década de 1950, mostram o papel da experimentação artística semi-independente no projeto. Já os famosos experimentos com estruturas invertidas de Antoni Gaudi exemplificam o uso de modelos elaborados para definir o desempenho e a forma de uma estrutura de arquitetura. Os experimentos atuais conduzidos por Mark West na Faculdade de Arquitetura da Universidade de Manitoba, com estruturas de concreto moldado em formas

Antoni Gaudi estudava suas estruturas de arquitetura com modelos suspensos. As fotografias dos modelos eram posicionadas de cabeça para baixo, para que o arquiteto examinasse as estruturas reais que atuariam submetidas à compressão.
Modelo de estudo para a igreja da Colônia Güell. Mas Archive Barcelona.

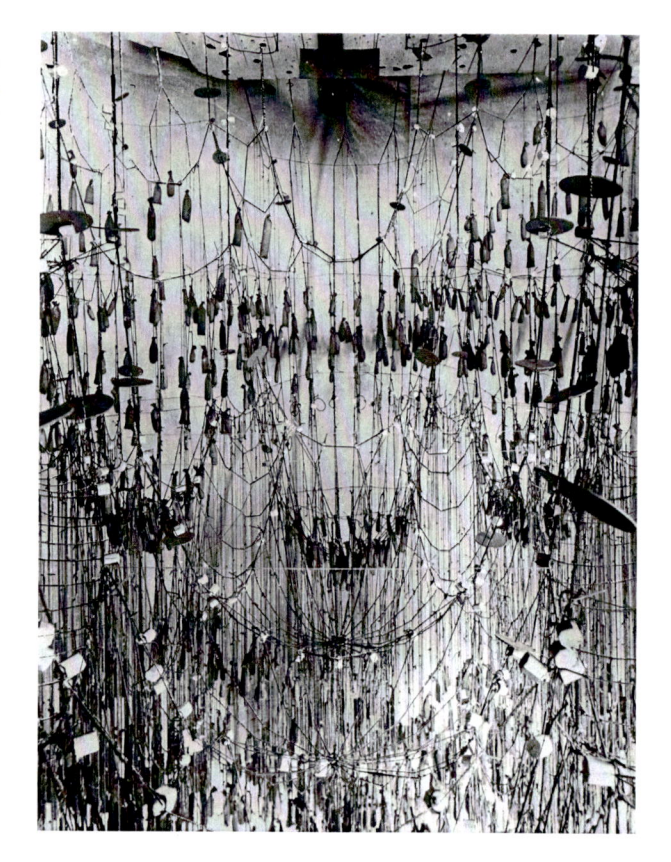

de lona continuam esta linha de desenvolvimento de ideias estruturais inovadoras por meio da testagem direta com materiais – os processos de execução dão origem a formulações teóricas, em vez do contrário.

A habilidade e o tédio

Um ofício se baseia em uma habilidade específica aprendida; Sennet define a habilidade como a prática treinada.[8] Qualquer habilidade exige o treinamento incansável: "Quando era estudante em Juilliard, todos nós treinávamos 14 horas por dia, e sabíamos que qualquer momento longe do piano era uma perda de tempo", confessa o pianista Misha Dichter.[9] Esta confissão deixa claro que qualquer habilidade manual especial – seja a de um pintor, titereiro ou malabarista – exige a prática incessante baseada na dedicação e no compromisso obsessivos. A estimativa comum, baseada em pesquisas, é de que qualquer habilidade manual ou física complexa exige cerca de 10 mil horas de prática. "No estudo de compositores, jogadores de basquete, escritores de ficção, patinadores no gelo,... e mestres no crime, este número é recorrente", ressalta o psicólogo Daniel Levitin.[10]

Contudo, o excesso de exercício ou de pensamento também pode prejudicar o desempenho. Anton Ehrenzweig (1908–66) – pianista, cantor e estudioso da visão psicanalítica da arte e da produção artística – ressalta o equilíbrio necessário entre a precisão do ato e o pulso de vida simultâneo, como seu contraponto necessário: "O pianista dedicado primeiro deseja adquirir a habilidade necessária para regularizar e equalizar a ação de seus dedos. Se ele ignorar as inflexões espontâneas de sua prática, ele matará o espírito da música viva. Ele não vai ouvir o que seu próprio corpo lhe diz nem respeitar a vida independente de sua obra".[11]

Joseph Brodsky faz uma advertência similar sobre o impacto negativo da excelência: "Na realidade (na arte e, imagino, na ciência), a experiência e a excelência que a acompanham são os piores inimigos do artista".[12] Aqui, a advertência do poeta se refere ao falso preparo e ao senso de segurança que facilmente advêm da excelência consolidada e reconhecida. O indivíduo e o artesão profundamente criativos abordam cada tarefa de maneira nova, e esta postura é o oposto daquela do especialista.

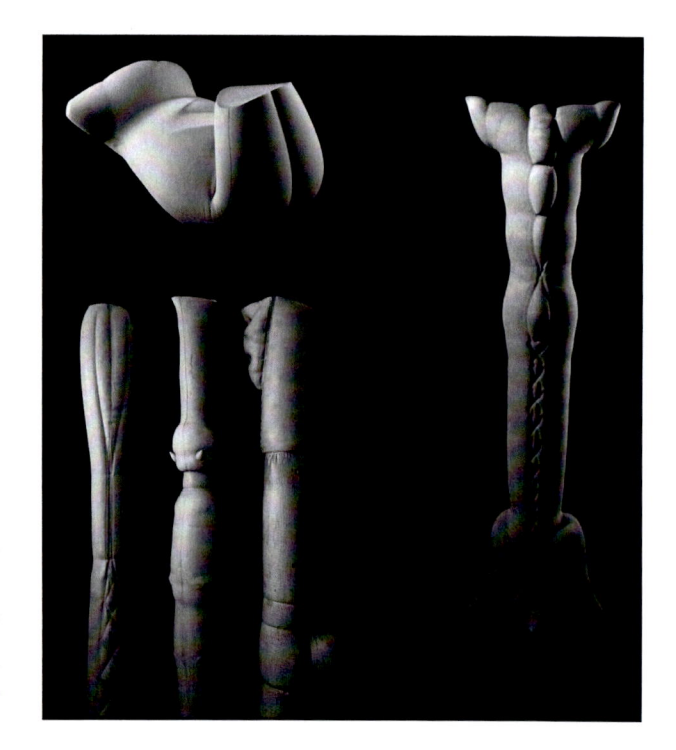

Na Oficina de Edificação CAST da Faculdade de Arquitetura da Universidade de Manitoba, Mark West e seus alunos estudam estruturas de concreto moldadas com formas de lona, de baixo custo. Esculturas de concreto moldadas com formas de lona.

Brodsky também enfatiza a importância do processo de trabalho no resultado final da consciência do artista: "[N]enhum artesão ou artista honesto sabe, durante o trabalho, se está executando ou criando... [A] primeira, a segunda e a última realidade para ele é o trabalho em si, o próprio processo de trabalho. O processo tem precedência sobre o resultado, mesmo porque o segundo é impossível sem o primeiro".[13] O poeta parece dizer que, embora a perfeição do resultado final tenha, é claro, uma importância fundamental para o artista e o criador, ela advém do processo e por ele é refinada, em vez de ser uma mera preocupação. Exatamente da mesma maneira, a beleza ou a simplicidade não podem ser metas conscientes e pré-concebidas no trabalho artístico; estas qualidades são alcançadas lutando-se para outros fins. Brodsky, de fato, critica Ezra Pound por seu erro de buscar a beleza diretamente: "[E]le não se deu conta de que a beleza não pode ser buscada, mas sempre é um produto derivado de outras metas, as quais frequentemente são muito banais".[14] Constantin Brancusi, o mestre da redução, faz exatamente a mesma afirmação sobre a busca da pureza ou simplicidade: "A simplicidade não é um objetivo da arte, mas chegamos a ela apesar de nós mesmos quando nos aproximamos da essência real das coisas; a simplicidade, em última análise, é a complexidade, e devemos nos nutrir com sua essência para entender seu significado".[15] Em outro contexto, o escultor confessa: "Nunca busquei fazer o que chamam de formas puras ou abstratas. A pureza, a simplicidade, nunca está em minha mente; alcançar o verdadeiro senso das coisas é meu único objetivo".[16]

Treinar uma habilidade implica a prática e a repetição incessantes que quase se confundem com o tédio.[17] No entanto, o aperfeiçoamento gradual do desempenho, combinado com a dedicação, mantém a sensação negativa de tédio a distância. Na verdade, a experiência da vagarosidade do tempo e do tédio dá início a uma atividade mental de meditação. Aprendi a ser grato aos longos e dolorosos dias de minha infância, durante os anos da Guerra, na pequena fazenda de meu avô, e ao suplício do tédio resultante da falta de estímulos externos que poderiam ser suprimidos por amigos, passatempos, entretenimentos ou livros que, no entanto, não estavam disponíveis na solitária vida rural finlandesa há quase sete décadas. Tornei-me grato pela sensação de curiosidade e desejo de observação evocados pela ausência de estímulos desde pequeno, a qual foi deliberadamente programada e instigada pelos outros. Como observa Odo Marquard, no mundo de hoje perdemos em grande parte "a arte da solidão".[18]

A experiência da solidão na primeira infância dispara a imaginação e inicia um processo independente e automotivado de observação, jogo e imaginação. Esta condição também nos leva a dar conta das casualidades essenciais entre as coisas. A tendência atual que pais e professores têm de superestimular as crianças pode ter consequências catastróficas sobre a capacidade infantil de imaginação e invenção e a formação de sua autoidentidade. Na vida cotidiana atual, é bem provável que os equipamentos e aparelhos mecânicos, automáticos e eletrônicos, com seus mecanismos e suas funções invisíveis, enfraqueçam o senso de casualidade física até mesmo nos adultos, sem falar no eventual impacto dos jogos e entretenimentos digitais sobre a interação humana e social e o senso de compaixão.

Tédio e repetição estão relacionados, mas o aprendizado de qualquer habilidade pede a repetição *ad absurdum*. Parece-me que os jovens superestimulados da atualidade tendem a ver a repetição como uma mera dor. Até mesmo o ritmo reduzido dos eventos, como assistir o lento desenrolar dos filmes de Andrey Tarkovsky é visto como fisicamente intolerável por muitos dos alunos atuais, que estão condicionados pelos estímulos acelerados do cinema de ação.

Olhos, mãos e mente

Seja para o esportista, o artesão, o mágico ou o artista, a colaboração constante e inconsciente dos olhos, das mãos e da mente é crucial. Uma vez que o desempenho é aperfeiçoado gradualmente, a percepção e ação das mãos e dos pensamentos perdem sua independência e se transformam em um sistema singular e subliminarmente coordenado de reação e resposta. Por fim, é o senso de identidade do artista que parece estar desempenhando a tarefa, como se seu senso existencial transpirasse da obra ou da atividade. A identificação do criador com a obra é completa. Em seu auge, o fluxo mental e material entre o artista e a obra é tão atormentador que a obra parece estar gerando a si própria. Na verdade, esta é a essência da experiência arrebatadora de um rompante de criação; os artistas repetidas vezes relatam que sentem estar apenas registrando o que lhes é revelado e o que emerge involuntariamente, além de seu controle intelectual consciente. "A paisagem pensa em si própria por meio de mim, e eu sou sua consciência", confessa Paul Cézanne.[19] William Thackeray ressaltou a independência de seus personagens: "Eu não controlo meus personagens; estou na mão deles e eles me levam aonde quiserem".[20] Quando Honoré de Balzac foi criticado por criar um herói que apenas passa de uma adversidade trágica para outra, ele replicou: "Não me incomode... estas pessoas não têm coragem alguma. O que acontece com elas é inevitável".[21]

A união entre os olhos, as mãos e a mente cria uma imagem que não é apenas um registro visual ou uma representação do objeto: ela é o objeto. Como observa Jean-Paul Sartre: "Ele [o pintor] as faz [as casas], ou seja, ele cria uma casa imaginária na tela, e não um signo de casa. E a casa que então emerge preserva toda a ambiguidade das casas reais".[22]

Capítulo 3   A Fusão entre Mãos, Olhos e Mente   85

"A paisagem pensa em si própria por meio de mim, e eu sou sua consciência."
Paul Cézanne, *Monte Sainte-Victorie*, óleo sobre tela, 60 × 70 cm, 1904–5.

No momento em que o jogador de um esporte com bola golpeia ou pega a bola, o complexo entre olhos, mãos e mente já realizou cálculos instantâneos e inconscientes sobre as posições espaciais relativas, as velocidades e os movimentos, bem como já fez uma série de planejamentos estratégicos. Esta cansativa tarefa de fundir as dimensões do tempo – percepção, objetivo e resposta – em uma ação que leva uma fração de segundo, é apenas possível graças à prática assídua que culminou na corporificação da tarefa, tornando-a um ingrediente do senso de identidade pessoal do atleta, em vez de fazer com que ele enfrente a situação como uma tarefa externa e desvinculada de seu corpo. Da mesma maneira, o músico ou pintor deve fundir as ações entre olhos, mãos e mentes em uma resposta única e singular. "Um universo foi limitado àquilo que cabe na extremidade de um pincel", como comenta o poeta Randal Jarrell sobre a obra de um pintor maduro.[23]

Quando um pintor, como Vincent van Gogh ou Claude Monet, pinta uma cena, sua mão não tenta duplicar ou imitar aquilo que os olhos veem ou que a mente concebe. Pintar é um ato singular e integrado no qual a mão vê, o olho pinta e a mente toca. "As mãos querem ver, os olhos querem acariciar", como observou Johann Wolfgang von Goethe,[24] ou: "Nada escapa ao grande Pensador – ele sabe tudo, ele vê tudo, ele ouve tudo. Seus olhos são seus ouvidos, seus ouvidos são seus olhos", como Brancusi descreve o estado totalmente focalizado de sua escultura *Sócrates* (1922).[25]

A intenção, a percepção e o trabalho das mãos não existem como entidades separadas. O ato isolado da pintura e sua própria dimensão física e materialidade são tanto o meio como o fim. "Em Monet e em outros pintores muito diferentes parte do tema é trabalhar até que já não seja possível distinguir qual tinta está por cima e qual está por baixo [...] A campina já não é um cartão verde pontilhado por plantas recortadas, mas um solo rico e atapetado com vida vegetal, que se move com sombras vivas. Os traços texturizados de Monet ajudam que isso aconteça levantando lampejos de luz que brilham aleatoriamente entre os talos e as folhas pintados, confundindo nossos olhos e ecoando o caos inevitável de um campo real"– James Elkins descrevendo a alquimia de um quadro de Monet.[26] O processo, o produto e o artista se fundem completamente: "Como a poesia ou qualquer outra atividade criativa, a pintura é algo que é resolvido durante a elaboração, e a obra e o seu criador trocam ideias e afetam um ao outro... No início, os pensamentos são apenas marcos, e a verdadeira substância da obra é completamente rudimentar".[27]

A mesma fusão entre o externo e o interno, o material e o mental, o pensamento e a execução ocorre na obra do projetista e do arquiteto, embora em geral sua obra seja dolorosamente prolongada e interrompida por fases menos criativas ou íntimas. Um dos maiores desafios de um arquiteto é a capacidade de manter o senso de inspiração e inovação em sua abordagem ao longo de vários anos e às vezes ao passar de vários projetos alternados e sucessivos.[28]

Elkins escreve sobre a *materia prima* do pintor e sua relação com os conceitos e as práticas da alquimia, argumentando que "ela tem de ser ao mesmo tempo nada (nada ainda, nada que já tenha sido formado) e tudo

Capítulo 3   A Fusão entre Mãos, Olhos e Mente   **87**

(tudo *in potentia*, todas as coisas que aguardam para existir). *Materia prima* é um nome para o estado mental que vê tudo no nada".[29]

A mão do pintor não reproduz meramente a aparência do objeto, da pessoa ou do evento – observado, lembrado ou imaginado –, a mão aperfeiçoa a tarefa impossível de recriar a própria essência do objeto, sua sensação de vida, em todas as suas manifestações sensoriais e sensuais. As pinceladas individuais de um retrato de Rembrandt ou de uma paisagem impressionista não apenas representam a forma, a cor e a iluminação do objeto; os pontos de cor, textura e luz reanimam plenamente o objeto. "A arte deve dar de repente. De uma vez só, o choque da vida, a sensação de respiração", como afirma Brancusi.[30]

Além de dar vida à cena, uma obra de arte profunda projeta a essência metafísica do objeto e, de fato, cria um mundo. "Se um pintor nos presenteia com um campo ou vaso de flores, suas pinturas são janelas que se abrem para todo o mundo", como diz Jean-Paul Sartre.[31] Este mundo evocado por uma obra de arte profunda é um mundo experimentalmente real. Merleau-Point ressalta a natureza multidimensional e multissensorial das obras de arte:

> Vemos a profundidade, a suavidade, a maciez, a dureza dos objetos; Cézanne chegava a afirmar que via seus odores. Se o pintor pretende expressar o mundo, o arranjo de suas cores deve levar consigo este todo

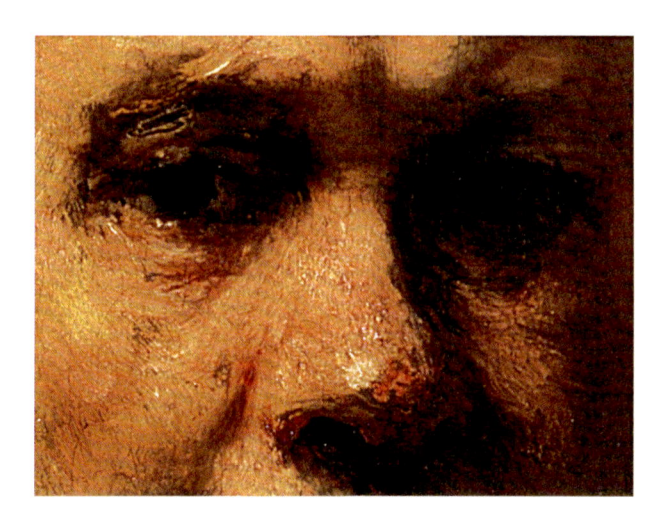

Quando observada de perto, uma pintura se transforma em um caos de cores e texturas sem sentido.
Rembrandt van Rijn, *Autorretrato* (detalhe), óleo sobre tela, 114 × 94 cm, 1661–2.

O caráter gestáltico das pinturas de Monet se tornou cada vez mais vago com sua maturidade.
Claude Monet, *O Caminho com as Pérgolas de Roseiras*, Giverny, óleo sobre tela, 90 × 92 cm, c. 1922. Coleção do Museu Marmottan, Paris (5088).

> indivisível, caso contrário seu quadro apenas sugerirá as coisas e não as dará em sua unidade dominante, sua presença, sua plenitude insuperável, que para nós é a definição do real. É por isso que cada pincelada deve satisfazer várias condições íntimas [...] como disse Bernard, cada pincelada deve "conter o ar, a luz, o objeto, a composição, o caráter, o esboço e o estilo". Expressar o que existe é uma tarefa infinita.[32]

Ainda assim, apesar da infinitude ou da impossibilidade lógica da tarefa de um artista, as obras-primas conseguem recriar não apenas a existência de um objeto singular, mas a própria essência do mundo em que vivemos.

Referências

1 Henri Matisse, "Portraits" (1954), in Jack D. Flam (ed), *Matisse On Art*, EP Dutton (New York), 1978, p. 152.
2 David Pye, *The Nature and Art of Workmanship* (first published 1968), The Herbert Press (London), revised edition, 1995, p. 9.
3 Veja Juhani Pallasmaa, "Reima Pietilä ja Rakennustaiteen museon piiri" ["Reima Pietilä and the circle of the Museum of Finnish Architecture"], *Raili ja Reima Pietilä: Modernin arkkitehtuurin haastajat* [*Raili e Reima Pietilä: The challengers of modern architecture*], Museum of Finnish Architecture (Helsinki), 2008, p. 16–23.
4 Alvar Aalto, "Trout and the mountain stream", in Göran Schildt (ed), *Alvar Aalto In His Own Words*, Otava Publishing Company (Helsinki), 1997, p. 108.
5 *Ibid*.
6 Alvar Aalto, "Experimental House at Muuratsalo", project description, *Arkkitehti*, No 9–10, 1953, Helsinki.
7 *Ibid*. Os experimentos com as fundações, a superestrutura e o sistema de calefação solar que faziam parte do conceito inicial não foram executados.
8 Richard Sennett, *The Craftsman*, Yale University Press (New Haven, Connecticut and London), 2008, p. 37.
9 Citado em Frank R. Wilson, *The Hand: How Its Use Shapes the Brain, Language, and Human Culture*, Pantheon Books (New York), 1998, p. 210.
10 Citado em Sennett, *The Craftsman, op. cit.*, p. 172.
11 Anton Ehrenzweig, *The Hidden Order of Art* (first published 1967), Paladin (St Albans, Hertfordshire), 1973, p. 57.
12 Joseph Brodsky, "A cat's meow", *On Grief and Reason*, Farrar, Straus & Giroux (New York), 1997, p. 302.
13 *Ibid.*, p. 301.
14 Joseph Brodsky, *Watermark*, Penguin Books (London), 1997, p. 70.
15 Catálogo da Exibição de Brancusi, Galeria Brummer, Nova York, 1926. Como republicado em Eric Shanes, *Constantin Brancusi*, Abbeville Press (New York), 1989, p. 106.
16 Citado por Dorothy Dudley in "Brancusi", *Dial 82* (February 1927). Como republicado em Shanes, *Constantin Brancusi, op. cit.*, p. 107.
17 O filósofo norueguês Lars Fr. H. Svendsen mapeia a história e o significado frequentemente mutável do tédio em seu agradável livro *Philosophy of Boredom,* Tammi (Helsinque), 2005. Embasando seus argumentos em Brodsky, o escritor propõe, por exemplo, a ideia de que "nossa existência é em grande parte um tédio, e é por isso que damos tanto valor à originalidade e à inovação. Atualmente enfatizamos mais aquilo que é 'interessante' do que aquilo que possui algum 'valor'. Quando consideramos alguma coisa com base no fato de ela ser 'interessante' ou não, a consideramos puramente sob uma perspectiva estética [...]. Os olhos estetas precisam ser excitados com uma intensidade cada vez maior ou, de preferência, por algo novo; a ideologia dos olhos é superlativa" (p. 31).
18 Citado em *ibid.*, p. 163.
19 Citado em Maurice Merleau-Ponty, *Sense and Non-Sense*, Northwestern University Press (Evanston, Ilinois), sixth paperback edition, 1991, p. 17.
20 Citado em Juhani Pallasmaa, "Piilotajunta ja luovuus" ["Unconsciousness and creativity"], in Juhani Pallasmaa, *Maailmassaolon taide* [*The Art of Being-in-the-world*], Painatuskeskus/ Kuvataideakatemia (Helsinki), 1993, p. 68.
21 *Ibid*.
22 Jean-Paul Sartre, *What is Literature?*, Peter Smith (Gloucester, Massachusetts), 1978, p. 4.
23 Randall Jarrell, "Against Abstract Expressionism", in JD McClatchy (ed.), *Poets on Painters*, University of California Press (Berkeley, Los Angeles and London), 1990, p. 189.
24 Citado em Brooke Hodge (ed.), *Not Architecture But Evidence That It Exists – Lauretta Vinciarelli: Watercolors*, Harvard University Graduate School of Design (Cambridge, Massachusetts), 1998, p. 130.
25 Citado em Pontus Hulten, Natalia Dumitresco, and Alexandre Istrati, *Brancusi*. Harry N. Abrams (New York), 1987, p. 148.
26 James Elkins, *What Painting Is*, Routledge (New York and London), 2000, p. 14.
27 *Ibid.*, p. 78.
28 Sir Colin St John Wilson trabalhou durante 28 anos em seu projeto para a Biblioteca Britânica (1971–99), o qual passou por períodos de sérias críticas feitas pela família real, os colegas de profissão do arquiteto e o público em geral.
29 Elkins, *What Painting Is, op. cit.*, p. 84.
30 Citado em Eric Shanes, *Constantin Brancusi*, Abbeville Press (New York), 1989, p. 67.
31 Sartre, *What Is Literature?, op. cit.*, p. 272.
32 Merleau-Ponty, *Sense and Non-Sense, op. cit.*, p. 15.

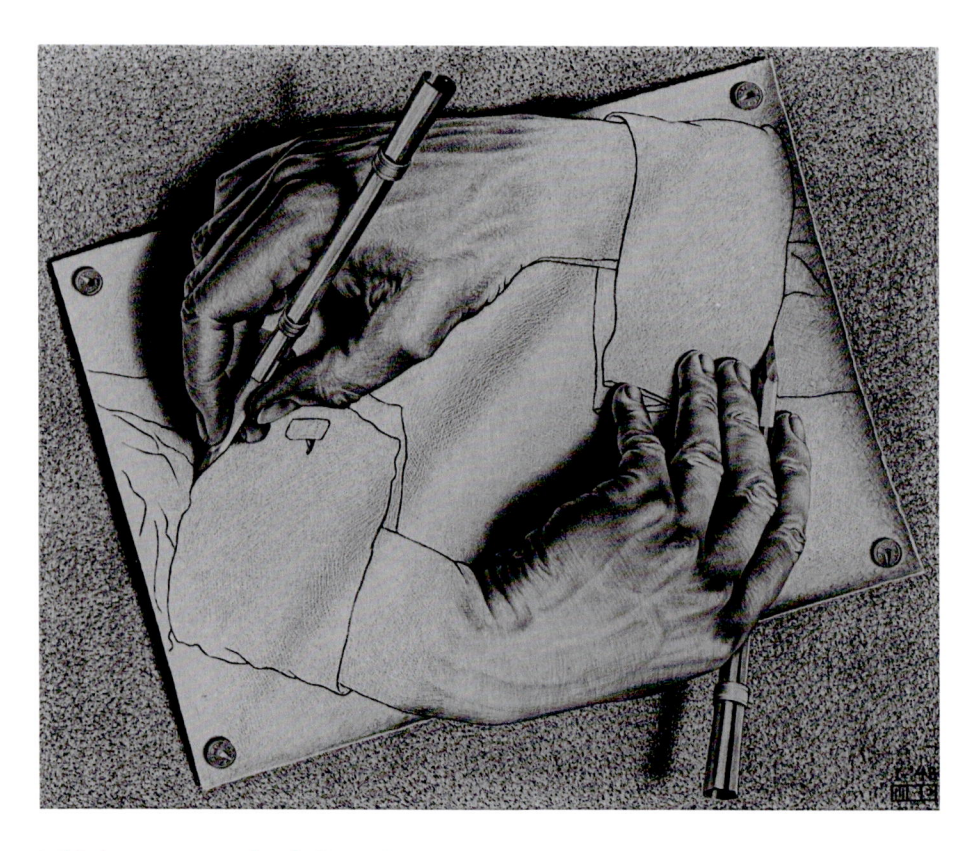

MC Escher, *Mãos Desenhando*, litografia, 1948. Fundação M.C. Escher, Gemeentemuseum, Haia, Países Baixos.

As Mãos Desenhistas

"[A] arte de retratar é uma das mais notáveis. Ela exige dons especiais do artista e a possibilidade de uma identificação quase total do pintor com seu modelo. O pintor não deve abordar seu modelo com ideias pré-concebidas. Tudo deve vir da mesma maneira que em uma paisagem os aromas do campo vêm até ele: os odores da terra, as flores relacionadas com o jogo das nuvens, o movimento das árvores e os diferentes sons do campo."

Henri Matisse[1]

O desenho e a identidade pessoal

Esboçar e desenhar são exercícios espaciais e táteis que fundem a realidade externa do espaço e da matéria, e a realidade interna da percepção, do pensamento e do imaginário mental em entidades singulares e dialéticas. Quando desenho o contorno de um objeto, uma figura humana ou uma paisagem, na verdade toco e sinto a superfície do objeto de minha atenção e inconscientemente sinto e internalizo seu caráter. Além da mera correspondência entre o contorno observado e aquele representado, também ecoo o ritmo das linhas por meio de meus músculos e em determinado momento a imagem fica registrada na memória muscular. Na verdade, cada ato de esboçar e desenhar produz três conjuntos distintos de imagens: o desenho que surge no papel, a imagem registrada em minha memória cerebral e uma memória muscular do próprio ato de desenhar. Todas as três imagens não são meras fotografias instantâneas, uma vez que são registros de um processo temporal de percepção sucessiva, medição, avaliação, correção e reavaliação. Um desenho é uma imagem que compreende todo um processo que funde uma duração distinta naquela imagem. Um esboço é, na verdade, uma imagem temporária, uma ação cinemática registrada na forma de imagem gráfica.

Esta natureza múltipla do esboço, como se fosse uma exposição em camadas, me faz recordar com clareza cada uma das centenas de cenas que esbocei durante 50 anos de viagens pelo mundo, embora mal consiga me lembrar dos lugares que fotografei, como resultado do registro corporificado muito mais tênue que ocorre quando fotografamos. É claro que este argumento não reduz o valor da fotografia como forma de arte por si, mas busca ressaltar as limitações corporais da fotografia como forma de registro de experiências.

Nas últimas décadas do século XIX, na época em que a fotografia surgiu como a técnica de registro e interpretação do mundo biológico, Santiago Ramón e Cajal, o pai da neurobiologia moderna, insistia que todos os seus alunos tivessem aulas de pintura em aquarela e justificava:

> Se nosso estudo trata de um objeto relacionado com a anatomia ou a história natural, etc., as observações deverão ser acompanhadas por esboços, pois, além de outras vantagens, o ato de representar algo disciplina e aprimora a atenção, nos obrigando a cobrir a totalidade do fenômeno estudado e evitando, portanto, que os detalhes fujam de nossa atenção, que frequentemente passam despercebidos em observações rotineiras [...] O grande Cuvier [Georges Léopold Cuvier, naturalista e zoólogo francês (1769–1832)] tinha razão ao afirmar que sem a arte do desenho, a história natural e a anatomia teriam sido impossíveis. Não é por acaso que todos os grandes observadores são habilidosos desenhistas de esboços.[2]

Desenhar é, ao mesmo tempo, um processo de observação e expressão, recepção e doação. Sempre é o resultado de mais outro tipo de perspectiva

Capítulo 4   As Mãos Desenhistas   **93**

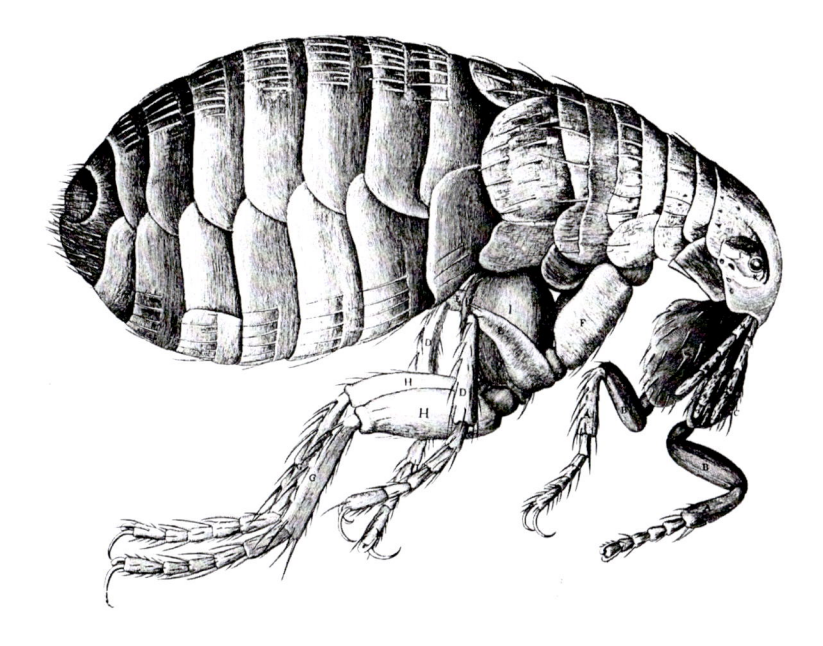

"Todos os grandes observadores esboçam com habilidade."
Pulga, inseto parasita sem asas que suga o sangue, 1665. Oxford, Arquivo de Ciências.
A gravura original era uma reprodução em folha dobrada que media quase um metro de comprimento.

dupla; um desenho olha simultaneamente para fora e para dentro, para o mundo observado ou imaginado e para a própria personalidade e o mundo mental do desenhista. Cada esboço e desenho contém parte do artista e de seu mundo mental, ao mesmo tempo em que representa um objeto ou uma vista do mundo real ou um universo imaginado. Cada desenho também é uma investigação do passado e da memória do desenhista. John Berger descreve esta fusão essencial entre o tema e o próprio desenhista: "É o próprio ato de desenhar que força o artista a olhar para o objeto em sua frente, a dissecá-lo em sua imaginação e recompô-lo; ou, se ele estiver desenhando com a memória, que o força a dragar sua própria mente para descobrir o conteúdo de seu próprio depósito de observações passadas".[3]

A tatilidade do desenho

Ao esboçar um espaço imaginado ou um objeto sendo projetado, a mão se encontra em um jogo e uma colaboração direta e delicada com o imaginário mental. A imagem desenhada surge simultaneamente com a imagem mental interna e o esboço mediado pela mão. É impossível saber qual surgiu primeiro: a linha no papel ou o pensamento, ou a consciência de uma intenção. De certo modo, a imagem parece desenhar a si própria por meio da mão humana.

John Berger observa esta interação dialética entre a realidade externa e a interna: "Toda linha que desenho reforma a figura que está no papel e, ao mesmo tempo, redesenha a imagem que está em minha mente. Além disso, a linha desenhada redesenha o *modelo*, pois ela muda minha capacidade de percepção".[4] Henri Matisse faz uma observação similar: "Quando pinto um retrato, retorno várias vezes ao meu croqui, e cada vez acabo pintando um novo retrato: não um retrato aprimorado, mas uma pintura bastante diferente daquela que estou recomeçando; e cada vez extraio da mesma pessoa um ser diferente".[5] É evidente que o ato de desenhar mescla a percepção, a memória e o senso individual da própria pessoa e da vida: um desenho sempre representa mais do que seu tema real. Todo desenho é um testemunho. "O desenho de uma árvore não mostra uma árvore, mas uma árvore-sendo-observada [...] Dentro do instante de observação de uma árvore, se estabelece uma experiência de vida."[6] Um desenho não reproduz a árvore como ela se manifesta na realidade objetiva; o desenho registra a maneira como a árvore está sendo vista ou experimentada.

A imagem mental inicial pode emergir como uma entidade visual, mas ela também pode ser uma impressão tátil, muscular ou corporal ou mesmo uma sensação amorfa que a mão concretiza em um conjunto de linhas que projeta uma forma ou estrutura. Não há como saber se a imagem surgiu primeiramente na mente de uma pessoa e então foi registrada pela mão, se a imagem foi produzida de maneira independente pela mão ou se ela emergiu como resultado da colaboração contínua entre a mão e o espaço mental do desenhista. Frequentemente é o próprio ato de desenhar, o profundo envolvimento no ato de pensar inconsciente que ocorre durante a criação que dá origem a uma imagem ou ideia. O segundo significado da palavra *drawing** – retirada – aponta para este significado essencial do desenho como um meio de retirada, revelação e concretização de imagens mentais e sentimentos internos tanto quanto para o registro

---

* N. de T.: Em inglês, a palavra *drawing* tem vários significados, dentre os quais desenho e retirada.

Vincent van Gogh, *Oliveiras em Montjmajour*, lápis, caneta de junco e nanquim sobre papel Whatman, 48 × 60 cm, 1888. Museu das Belas Artes de Tournai, Bélgica.

de um mundo externo. A mão sente o estímulo invisível e amorfo, coloca--o no mundo do espaço e da matéria e lhe dá forma. "Tudo que seus olhos veem, ele sente com os dedos"– John Berger comenta sobre a tatilidade de um desenho de Vincent van Gogh.[7] Este próprio ato de sentir com os dedos os objetos de observação ou os sonhos íntimos ou remotos dá origem ao processo de criação.

De maneira similar, no ato de escrever é frequentemente – e talvez isso ocorra na maioria das vezes – o processo da própria escrita que dá origem a ideias inesperadas e a um fluxo mental especialmente fértil e inspirado. Não há dúvida de que a mão desempenha um papel essencial também na escrita. Mas não é somente a mão, uma vez que até mesmo a escrita da poesia ou da música é um ato corpóreo e existencial. Charles Tomlinson, o poeta, ressalta a base corpórea na prática da pintura e da poesia: "A pintura desperta as mãos, se baseia em seu senso de coordenação muscular, ou seja, seu senso do corpo. O mesmo se dá na poesia: enquanto ela se baseia em ênfases ao se aproximar do final de cada linha ou descansa e faz uma pausa, a poesia também traz todo o homem para o jogo e seu senso de identidade corporal".[8]

John Berger oferece uma descrição poética dos atos, das internalizações e das projeções corporificados que ele imagina estarem ocorrendo durante o processo de desenho de Van Gogh:

Os gestos vêm de sua mão, seu braço, seu ombro e talvez até mesmo dos músculos de seu pescoço, embora os traços que ele faz no papel estejam seguindo correntes de energia que não são fisicamente suas e que apenas se tornam visíveis quando ele desenha. Correntes de energia? A energia do crescimento de uma árvore, de uma planta em busca da luz, da necessidade de um galho de se acomodar com seus galhos vizinhos, das raízes dos cardos e arbustos, do peso das rochas acomodadas em uma encosta, da luz do sol, da atração que tudo que está vivo e sofre com o sol tem pela sombra, do mistral do norte, que desenhou os estratos de rocha.[9]

Na descrição de Berger, os músculos do corpo inteiro do artista parecem participar do ato físico de desenhar, embora o desenho em si seja a energia do próprio tema. É evidente que o entendimento comum do desenho e da pintura como esforços puramente visuais é totalmente equivocado. Devido à espacialidade inanimada e concreta da arquitetura, um entendimento visual desta forma de arte também é totalmente equivocado.

A modernidade tem sido observada, em geral, pela visão e tem ignorado a tatilidade, mas muitos artistas visuais têm se preocupado com o sentido

O professor Aulis Blomstedt desenhando no quadro negro da Universidade de Tecnologia de Helsinque, com seus olhos encobertos por um saco; provavelmente no início da década de 1960.

do tato. Brancusi, por exemplo, exibiu sua *Escultura para os Cegos* (1916) em Nova York em 1917 escondida por um saco de pano, de modo que pudesse ser experimentada apenas por meio do sentido do tato.[10]

Ecoando a ideia de Brancusi, Sanda Iliescu, da Universidade da Virginia, leciona desenho para os alunos de arquitetura por meio do sentido do tato. Os objetos que os alunos desenham são colocados dentro de um volume cúbico feito de tecido preto e dotado de luvas por meio das quais eles podem ser estudados pelo toque. É notável que os alunos prestem atenção a características totalmente diferentes dos objetos em seus desenhos ao observá-los por meio de suas mãos, em vez de seus olhos. Esses desenhos também são bastante distintos dos desenhos de observação visual em termos de ambiência geral.

A união entre olhos, mãos e mente normalmente é o modo de trabalho do artista, mas já foram feitas sérias tentativas de enfraquecer ou eliminar este circuito fechado. Meu professor e mentor Aulis Blomstedt gostava de desenhar com os olhos fechados, para eliminar a coordenação íntima entre os olhos e as mãos. Alguns artistas atuais, como Brice Marden, desenham com longos palitos, para emancipar a linha do controle rígido das mãos. Os expressionistas abstratos, como Jackson Pollock e Morris Louis, espalhavam suas tintas nas telas por meio da gravidade e de várias maneiras de derramar e atirá-las, em vez de usar a orientação visual dos olhos e o controle muscular das mãos. Cy Twombly tentava esboçar no escuro e durante algum tempo também se forçou a desenhar com a mão esquerda.[11]

As mãos informatizadas

Sem dúvida, seria uma visão ludita ignorante e preconceituosa negar os benefícios do computador. Em um período de tempo muito curto, a informática modificou completamente inúmeros aspectos da pesquisa, produção e vida cotidiana. Ela também mudou a prática da arquitetura de maneira irreversível. Contudo, ao mesmo tempo em que reconhecemos os benefícios do computador e das tecnologias digitais associadas, precisamos identificar os modos pelos quais eles se diferenciam dos instrumentos anteriores de projeto. Devemos considerar as limitações e os problemas que eles podem impor, por exemplo, nos aspectos mentais e sensoriais do trabalho do arquiteto.

Não há dúvida de que o computador facilita a maior parte dos aspectos da prática da arquitetura de maneira decisiva e, além de ser uma ferramenta de desenho rápido e preciso, tem sido bem aproveitado para análise, testagem e prototipagem virtual anterior à execução dos prédios. Além disso, o computador é utilizado para gerar diretamente formas artísticas, arquitetônicas e urbanas. Os problemas do projeto totalmente gerado por computador são evidentes particularmente nas fases mais sensíveis e nas etapas preliminares e vulneráveis do processo de projeto, quando a essência da arquitetura de uma edificação está sendo concebida e determinada. A mão com um pedaço de carvão, um lápis ou uma caneta cria uma conexão tátil direta entre o objeto, sua representação e a mente do projetista; o croqui, o desenho ou a maquete feito à mão é moldado na mesma espécie de materialidade física que o objeto que está sendo projetado e que o próprio arquiteto corporifica, enquanto as operações e o imaginário gerados por computador ocorrem em um mundo matemático, imaterial e abstrato.

Minha suspeita particular está na falsa precisão e na aparente finalização da imagem do computador, quando comparadas com a imprecisão e a hesitação natural do desenho à mão, no qual apenas por meio da repetição, da tentativa, do erro e da certeza e precisão gradualmente alcançadas se chega a uma solução satisfatória. Esta é a estrutura inata de todo esforço criador que foi descrita de maneira convincente há quase 50 anos por Anton Ehrenzweig em seus dois estudos pioneiros sobre o processo de criação, *The Psycho-Analysis of Artistic Vision and Hearing* (1953)[12] e *The Hidden Order of Art* (1967)[13]. A frase de William James que Ehrenzweig cita na página de rosto de seu primeiro livro deixa esta intenção muito clara: "Em suma, o que estou tão ansioso para chamar a atenção é o restabelecimento do vago em seu lugar apropriado na vida mental".[14] Ehrenzweig menciona a interessante sugestão feita por Jacques Hadamard de que "a geometria grega perdeu seu ímpeto criativo no período helenístico devido a uma visualização excessivamente precisa. Ela produziu gerações de calculistas e agrimensores, mas não verdadeiros geômetras. O desenvolvimento da teoria da geometria parou totalmente".[15]

A precisão do pensamento e do desempenho, bem como a emoção, são cruciais, mas apenas como um contraponto e diálogo com o gigantesco imaginário da criação, universal, vago e totalmente abrangente. O papel fundamental da imprecisão é totalmente ignorado nas filosofias e nos métodos da pedagogia da atualidade.

Ehrenzweig afirma:

> A criatividade está sempre relacionada com o momento feliz no qual todo controle consciente pode ser esquecido. O que não é suficientemente entendido é o conflito genuíno entre dois tipos de sensibilidade: o intelecto consciente e a intuição inconsciente [...] Não é uma vantagem se o pensador criativo tem de lidar com elementos que são precisos em si, como os diagramas da geometria e da arquitetura.[16]

Sua relutância certamente deve se aplicar à falsa precisão do computador como meio de desenvolvimento de uma ideia, embora esta ferramenta inovadora não existisse na época de Ehrenzweig. A mão informatizada permite "o momento feliz no qual todo controle consciente pode ser esquecido"? Ela permite um imaginário multissensorial e uma identificação corporificada?

Ehrenzweig define ainda melhor a razão de sua suspeita com a precisão excessiva no projeto de arquitetura:

> Os motivos apenas mantêm sua fertilidade se sua conexão com o resultado final permanecer obscura. Caso contrário, eles se tornam meios de montagem mecânica. Já mencionei como o projeto de arquitetura é prejudicado por sua tendência a visualizar de maneira excessivamente precisa e pelo seu abuso de recursos diagramáticos (planta baixa, elevação, etc.). Estes recursos visuais parecem permitir uma apresentação precisa do problema de arquitetura, mas na verdade eles o obscurecem. É vital para um bom projeto que ele divida o processo em etapas que não têm conexão óbvia com o resultado final.[17]

Em geral, o computador é apresentado com entusiasmo como uma invenção apenas benéfica que libera a fantasia humana. Penso, contudo, que a criação de imagens por computador tende a arrasar nossa magnífica capacidade de imaginação multissensorial e sincrônica, ao tornar o processo de projeto uma manipulação visual passiva, uma avaliação da retina. O computador cria uma distância entre o artista e o objeto, ao passo que o desenho à mão ou a elaboração de uma maquete convencional põe o projetista em contato tátil com o objeto ou espaço. Em nossa imaginação, é como se tocássemos o objeto ou espaço projetado de dentro para fora. Sendo mais precisos, podemos dizer que na imaginação o objeto é simultaneamente segurado na palma da mão e dentro do cérebro: estamos ao mesmo tempo dentro e fora do objeto. Enfim, o objeto se torna uma extensão e parte do corpo do projetista.

As Mãos Inteligentes

Quando desenhamos à mão e com lápis ou caneta, a mão segue os contornos, as formas e os padrões do objeto, enquanto quando usamos um mouse e um computador, a mão geralmente seleciona as linhas de um conjunto de símbolos que não tem relação analógica – e, consequentemente, tátil ou emocional – com o objeto sendo representado. Se o desenho à mão é uma modelagem mimética de linhas, sombras e tons, o desenho no computador é uma construção mediada.

Outra reserva que tenho é quanto ao relacionamento entre o todo e as partes que criam uma relação de duas vias e um *continuum* dialético nos processos de desenho manual e construção de maquetes, enquanto o processo computadorizado, em sua perfeição absoluta, tende a criar uma sensação de fragmentação e descontinuidade. As entidades podem ape-

A sensualidade e a plasticidade de um projeto de arquitetura excepcionalmente complexo em termos de forma, que foi concebido por meio de desenhos à mão e maquetes convencionais. Alvar Aalto, Igreja das Três Cruzes, Vuoksenniska, Imatra, Finlândia, 1955-8.

nas ser sentidas quando suprimimos ou tornamos imprecisos os detalhes e diminuímos a precisão.

As propriedades visuais e as proporções podem ser percebidas por meio de desenhos em qualquer escala, enquanto uma imaginação tátil geralmente exige o uso do desenho em escala real. Embora o desenho no computador efetivamente se dê em uma realidade de um para um, a conexão tátil com a imaginação por meio da mão tende a enfraquecer o sentido tátil da entidade projetada no desenho gerado pelo computador.

Os projetos de arquitetura totalmente gerados por meio de computador realmente podem ter um apelo superficial sedutor, mas, na verdade, eles ocorrem em um mundo no qual o observador não tem pele, mãos ou corpo. O projetista em si se mantém um estranho em relação a seu próprio projeto e corpo. Os desenhos gerados por computador são instrumentos para um observador sem corpo.

Pessoalmente, recomendo muito o desenho à mão e o trabalho com maquetes convencionais nas fases iniciais dos projetos realizados tanto nas faculdades de arquitetura como nos escritórios profissionais. Em muitas discussões sobre as relações entre o trabalho manual e o projeto gerado por computador em várias escolas ao redor do mundo, tenho sugerido que todos os estudantes de projeto e arquitetura deveriam primeiramente aprender a trabalhar com seus imaginários mentais internalizados e suas mãos, antes de poder usar o computador. Em minha opinião, o computador não irá atrapalhar muito depois que o aluno tiver aprendido a usar sua imaginação e tiver internalizado o processo crucial de corporificar uma tarefa de projeto. Sem esta internalização mental, todavia, o processo de projeto por computador tende a se transformar em uma jornada apenas da retina na qual o aluno permanece um observador alheio que não construiu um modelo mental forte da realidade imaginada. Acredito que todo aluno deveria ser submetido a um teste que comprove sua capacidade de imaginação mental antes que lhe seja permitido o uso do computador.

O projeto assistido por computador geralmente é apoiado pelo argumento de que ele permite a representação gráfica de situações espaciais, topológicas e formais complexas que de outra forma seriam impossíveis de conceber e executar. A Igreja das Três Cruzes, que Alvar Aalto projetou em Imatra (1955–8), talvez seja tão complexa em sua espacialidade totalmente moldada em três dimensões quanto qualquer um dos prédios projetados por computador nos dias de hoje. No entanto, a igreja é um prédio extraordinariamente plástico e sensual, com um poderoso senso de realidade material e estrutural. Ela é poderosamente real, e devido ao seu forte senso de materialidade e construção, toca e desperta nosso corpo e nossa imaginação de maneira tão graciosa. Essa obra de arquitetura existe de maneira plena e confortável na mesma realidade de vida que nossos corpos ocupam – ela não é um espaço matemático sem peso ou escala. Ainda assim, o prédio foi projetado antes da era do computador, e para preparar seu escritório para esta tarefa de projeto excepcionalmente complexa, Alvar Aalto enviou à Universidade de Helsinque seu principal assistente para o trabalho – Kaarlo Leppänen, um talentoso arquiteto finlandês – para renovar seus conhecimentos de trigonometria durante alguns meses.

Sinto que devo reenfatizar meu propósito: não estou falando contra o computador. Estou meramente afirmando que o computador é uma ferramenta fundamentalmente diferente dos instrumentos tradicionais de desenho e dos métodos de construir maquetes de arquitetura convencionais. A linha feita com carvão, lápis ou caneta é uma linha expressiva e cheia de emoções, assim como uma maquete construída pelas mãos humanas. Ela consegue expressar hesitação e certeza, julgamento e paixão, tédio e animação, afeição e repulsão. Cada movimento, peso, tom, espessura e velocidade da linha traçada à mão possui um significado particular. A linha feita à mão é uma linha espacial: ela está inserida em um espaço perceptivo ou imaginado distinto. Em comparação com a riqueza expressiva e a vida emocional da linha feita à mão, a linha do computador é uma conexão lacônica e uniforme entre dois pontos (a linha gerada por computador pode, é claro, ser articulada de modo a simular a linha feita à mão, mas sua essência é a realidade sem emoção do espaço matemático).

A primazia do toque: a tatilidade da imagem própria de uma pessoa

A linha limítrofe entre a identidade de uma pessoa e o mundo é identificada por nossos próprios sentidos. Nosso contato com o mundo ocorre com a pele de cada um, por meio de partes especializadas da membrana que nos reveste. Todos os sentidos, inclusive a visão, são extensões do tato; os sentidos são especializações da pele e todas as experiências sensoriais são modos de toque e, portanto, relacionadas à tatilidade. "Por meio da visão tocamos o sol e as estrelas", como Martin Jay se refere poeticamente à filosofia de Merleau-Ponty.[18] Este aspecto tátil fundamental da vida humana reforça a importância das mãos.

Em seu livro *Body, Memory and Architecture*, um dos primeiros estudos sobre a essência corporificada da experiência da arquitetura, Kent C. Bloomer e Charles W. Moore ressaltam a primazia da esfera tátil: "A imagem do corpo [...] é influenciada principalmente pelas experiências do tato e da orientação das primeiras fases de nossas vidas. Nossas imagens visuais são desenvolvidas posteriormente e, para seu significado, dependem de nossas experiências primitivas que ocorreram por meio do tato".[19] A opinião do antropólogo Ashley Montagu, baseada em evidências médicas, confirma a primazia da esfera tátil:

> [A pele] é nosso órgão mais antigo e mais sensível, nosso primeiro meio de comunicação e nossa protetora mais eficiente [...] Até mesmo a córnea transparente dos olhos é coberta por uma camada de pele modificada [...] O tato é pai de nossos olhos, nosso nariz, nossa boca. Ele é o sentido que se especializou e gerou os demais, algo que parece ser reconhecido pelo fato de ser considerado há muito tempo "o pai de todos os sentidos".[20]

O tato é o sentido que integra nossas experiências do mundo e de nós próprios. Até mesmo as percepções visuais são fundidas e integradas no *continuum* tátil da identidade pessoal; meu corpo me faz lembrar quem sou e como me situo no mundo. No primeiro volume do livro *Em Busca do Tempo Perdido*, de Marcel Proust, o protagonista, despertando em sua cama, reconstrói sua identidade e localização por meio da memória de seu corpo:

> Meu corpo, ainda dormente e pesado demais para se mover, se esforçaria para deduzir a partir de seu cansaço a posição de seus vários membros, buscando deduzir daí a direção da parede, a localização dos móveis, reconstituir e dar nome à casa no qual se encontrava. Sua memória, a memória composta de suas costelas, seus joelhos, suas escápulas, oferecia a ele toda uma série de cômodos nos quais em algum momento ele já havia dormido, enquanto as paredes invisíveis, mudando e se adaptando à forma de cada recinto sucessivo que ele lembrava, giravam no escuro. E antes mesmo que meu cérebro, hesitando

em determinar horários e formas, houvesse reorganizado as circunstâncias o suficiente para identificar o quarto, ele – o meu corpo – lembraria em cada quarto sucessivo o estilo da cama, a posição das portas, o ângulo no qual a luz do sol penetrava pelas janelas, se havia uma passagem para fora, o que eu tinha em mente quando caí no sono e o que lá encontrei quando acordei.[21]

Esta é uma experiência de composição que nos traz à mente uma composição cubista fragmentada e recomposta.

Meu corpo é o verdadeiro umbigo de meu mundo, não no sentido do ponto de observação de uma perspectiva central, mas como o único local de referência, memória, imaginação e integração.

O toque inconsciente na experiência da arte

Em geral, não estamos cientes de que uma experiência tátil inconsciente é inevitavelmente oculta pela visão. Quando olhamos, os olhos tocam, e, antes de vermos um objeto, já o tocamos e julgamos seu peso, sua tem-

Louis I. Kahn, Instituto Salk de Estudos Biológicos, La Jolla, Califórnia, Estados Unidos, 1959–65.

peratura e sua textura superficial. Os olhos e as mãos trabalham juntos constantemente; os olhos levam as mãos a grandes distâncias, e as mãos afetam os olhos na escala íntima. O tato é a inconsciência da visão, e esta experiência tátil oculta determina as características sensuais do objeto percebido. Este é o elemento oculto do toque e da ativação do julgamento tátil e da memória que está envolvido no desenho. O sentido do tato media mensagens de convite e rejeição, proximidade ou distância, prazer ou repulsa. É exatamente esta dimensão inconsciente do toque na visão que é desastrosamente negligenciada na arquitetura e no projeto da atualidade, que são artificialmente preconceituosas a favor da visão. Nossa arquitetura pode atrair e divertir os olhos, mas ela não oferece um domicílio para o tato de nossos corpos, nossas memórias e sonhos.

O desenho e especialmente a pintura não são apenas uma questão de registro da essência visual da cena; o objeto aparentemente visual transmite toda a essência sensual da coisa. Na década de 1890, o crítico de arte e escritor norte-americano Bernard Berenson aprimorou a noção de Goethe sobre a "intensificação da vida" e sugeriu que, quando experimentamos uma obra de arte, na verdade imaginamos um genuíno encontro físico por meio de "sensações evocadas". As mais importantes destas sensações Berenson chamou de "valores táteis".[22] Em sua opinião, a obra de arte autêntica estimula nossas sensações evocadas do toque, e este estímulo intensifica a vida.

De maneira similar, uma boa obra de arquitetura gera um complexo indivisível de impressões, nossas sensações evocadas, como as experiências de movimento, peso, tensão, dinâmica estrutural, contraponto formal e ritmo, as quais se tornam nossa medida daquilo que é real. Quando entrei no espaço extraordinário do pátio com piso de mármore do Instituto Salk (1959–65), em La Jolla, na Califórnia, projetado por Louis Kahn, que é configurado por duas fileiras de prédios e tem o céu como seu teto sublime e o horizonte do Oceano Pacífico como seu pano de fundo hipnótico, imediatamente me senti compelido a caminhar até a superfície de parede de concreto mais próxima e sentir sua temperatura; a sugestão de seda e pele viva foi arrebatadora. Louis Kahn de fato buscou a maciez cinza das "asas de uma mariposa" e, para obter esta suave aspereza extraordinariamente convidativa, agregou cinza vulcânica à mistura do concreto.[23] Este conjunto de arquitetura consegue fundir a imensidão do contexto com a intimidade do toque de nossas mãos e criar uma experiência ímpar.

A verdadeira genialidade de Kahn foi transformar esquemas de arquitetura que parecem simplórios e mesmo monótonos – como o Museu de Arte Kimbell (1966–72), em Fort Worth, no Texas, e o Centro de Arte Britânica Yale (1969–74), em New Haven, no Connecticut – em exemplares mágicos por sua complexidade e sutileza, materialidade e leveza, peso e levitação.

Objetos e edifícios agradáveis mediam uma experiência dos processos pelos quais eles foram produzidos; de certo modo, eles convidam o observador ou usuário a tocar nas mãos do artista. A maçaneta ou o puxador da porta é um dos detalhes de todos os prédios que exigem uma grande atenção à ergonomia e oferecem uma oportunidade para um contato quase físico entre a mão do arquiteto e a mão do usuário, por meio de um objeto. A maçaneta da porta de entrada é o aperto de mãos do prédio, e empurrar esta porta com nosso próprio peso frequentemente é um dos encontros mais íntimos que podemos ter com uma obra de arquitetura.

A verdadeira qualidade na arquitetura se manifesta na integralidade e dignidade inquestionável da experiência. Ocorre uma ressonância e interação entre o espaço e a pessoa que o experimenta; eu me insiro no espaço e o espaço se insere em mim. Esta é a "aura" da obra de arte observada por Walter Benjamin.[24]

A maçaneta ou o puxador da porta é o aperto de mãos do prédio. Juhani Pallasmaa, puxadores de porta de armário gerados pela empunhadura com três dedos (polegar, indicador e dedo médio), 1991. Bronze fundido.

Referências

1 Henri Matisse, "Portraits" (1954), in Jack D. Flam (ed), *Matisse On Art*, EP Dutton (New York), 1978, p. 152.
2 Citado em J. Allan Hobson, *The Dreaming Brain*, Basic Books (New York), 1988, p. 95–7. Republicado em William Irwin Thompson, "An introduction to 'What Am I Doing in Österfärnebo?' by Cornelia Hesse-Honegger", *Cornelia Hesse-Honegger, After Chernobyl*, Verlag Hans Müller (Baden), 1992, p. 16.
3 John Berger, *Berger On Drawing* (edited by Jim Savage), Occasional Press (Aghabullogue, County Cork), 2007, p. 3.
4 *Ibid.*, p. 112.
5 Henri Matisse, "Looking at life with the eyes of a child" (1953), in Flam (ed), *Matisse on Art*, *op. cit.*, p. 149.
6 Berger, *Berger on Drawing*, *op. cit.*, p. 71.
7 *Ibid.*, p. 16.
8 Charles Tomlinson, "The poet as painter", in J.D. McClatchy (ed), *Poets on Painters*, University of California Press (Berkeley, Los Angeles and London), 1990, p. 280.
9 Berger, *Berger on Drawing*, *op. cit.*, p. 14.
10 Henri-Pierre Roché, um amigo do escultor, relata: "Ela foi exibida [...] fechada dentro de um saco que tinha duas mangas por meio das quais podíamos colocar as mãos". Eric Shanes, *Constantin Brancusi*, Abbeville Press (New York), 1989, p. 74.
11 Richard Lacayo, "Radically retro", *Time*, Vol 172, No 6, 2008, p. 47.
12 Anton Ehrenzweig, *The Psycho-Analysis of Artistic Vision and Hearing: An Introduction to a Theory of Unconscious Perception* (first published 1953), Sheldon Press (London), third edition, 1975.
13 Anton Ehrenzweig, *The Hidden Order of Art* (first published 1967), Paladin (St Albans, Hertfordshire), 1973.
14 Ehrenzweig, *The Psycho-Analysis of Artistic Vision and Hearing*, *op. cit.*, title page III.
15 Ehrenzweig, *The Hidden Order of Art*, *op. cit.*, p. 58.
16 *Ibid.*, p. 57.
17 *Ibid.*, p. 66.
18 Citado em David Michael Levin (ed), *Modernity and the Hegemony of Vision*, University of California Press (Berkeley and Los Angeles), 1993, p. 14.
19 Kent C. Bloomer and Charles W. Moore, *Body, Memory and Architecture*, Yale University Press (New Haven, Connecticut and London), 1977, p. 44.
20 Ashley Montagu, *Touching: The Human Significance of the Skin*, Harper & Row (New York), 1971, p. 3.
21 Marcel Proust, *In Search of Lost Time: Swann's Way* (translated by C.K. Scott Moncrieff and Terence Kilmartin), Random House (London), 1992, p. 4–5.
22 Bernard Berenson, *Aesthetics and History*, Pantheon Books (New York), 1948, p. 66–70. De maneira bastante surpreendente, Merleau-Ponty se opõe enfaticamente à opinião de Berenson: "Berenson falou de uma evocação de valores táteis (sic), ele estava completamente equivocado: a pintura não evoca coisa alguma, muito menos o tato. O que ela faz é algo totalmente diferente, é quase o oposto; graças a ela não precisamos de um 'sentido muscular' para nos apropriar da volumetria do mundo [...]. Os olhos moram nesta textura da mesma maneira que um homem mora em sua casa" (Maurice Merleau-Ponty, "Eye and Mind", *The Primacy of Perception*, Northwestern University Press [Evanston, Illinois], 1964, p. 166). Apenas consigo entender esta afirmação do filósofo e concordar com ela quando suponho que ele esteja criticando a ideia de uma sensação mediada ou secundária em vez de estar se referindo a todas as percepções como igualmente reais. Quando experimentamos a temperatura e a umidade do ar ou ouvimos os ruídos da vida cotidiana e relaxada nas pinturas extremamente eróticas de Matisse ou Bonnard, apreciamos a realidade da multiplicidade de sensações evocadas por uma pintura profunda.
23 Citado em Scott Poole, *Pumping Up: Digital Steroids and the Design Studio*, unpublished manuscript, 2005.
24 "A aura de uma obra de arte é de fato a de sua tradição: isso apresenta a obra de arte como presente e ausente, única aqui e agora e, ao mesmo tempo, distante e em outro lugar." Howard Caygill, "Benjamin, Heidegger and the destruction of tradition", in Andrew Benjamin and Peter Osborne (eds.), *Walter Benjamin's Philosophy: Destruction and Experience*, Routledge (London and New York), 1994, p. 23.

A organização rítmica das alpondras afeta diretamente o corpo e o senso muscular sem qualquer conteúdo ou mediação intelectual.
Os *sawatari-ishi*, "degraus através do pântano", no jardim do Santuário Helan, em Quioto, Japão.

5

O Pensamento Corporificado

"As mãos de Rodin eram suas principais ferramentas, e com elas ele picoteava e perfurava e estriava e alisava, tornando onduladas tanto curvas como retas as linhas, permitindo que ombros fluíssem em torsos e torsos emergissem dos blocos (mesmo quando isso não ocorrera), encorajando os ombros a estabelecer sua própria identidade, seus dedos ocupados em todos os lados, promovendo as impressões da vida, dando força e desejo ao gesso, divindade e celestialidade à pedra."

William H. Grass[1]

A fusão criativa

Na arquitetura, uma revelação criativa raramente é uma descoberta instantânea que poderia revelar toda uma entidade em sua resolução completa e definitiva em um único instante; ela também não é um processo linear de dedução lógica. Na maioria das vezes, o processo parte de uma ideia inicial que é desenvolvida durante algum tempo, mas logo o conceito se ramifica em novos caminhos, e este padrão de trajetórias cruzadas

O diagrama de Anton Ehrenzweig para a varredura criativa: "O labirinto (uma estrutura seriada) de uma busca criativa. O pensador criativo deve avançar a partir de uma frente ampla e manter abertas muitas opções. Ele deve obter uma visão abrangente de toda a estrutura sem conseguir focar nenhuma possibilidade individual", descreve a legenda do diagrama na obra *The Hidden Order of Art* (1973). Acredito que o labirinto da criação seja ainda mais complexo do que o diagrama de Ehrenzweig, devido aos repetitivos retornos de fases já percorridas ou ideias rejeitadas e aos inícios inteiramente novos.

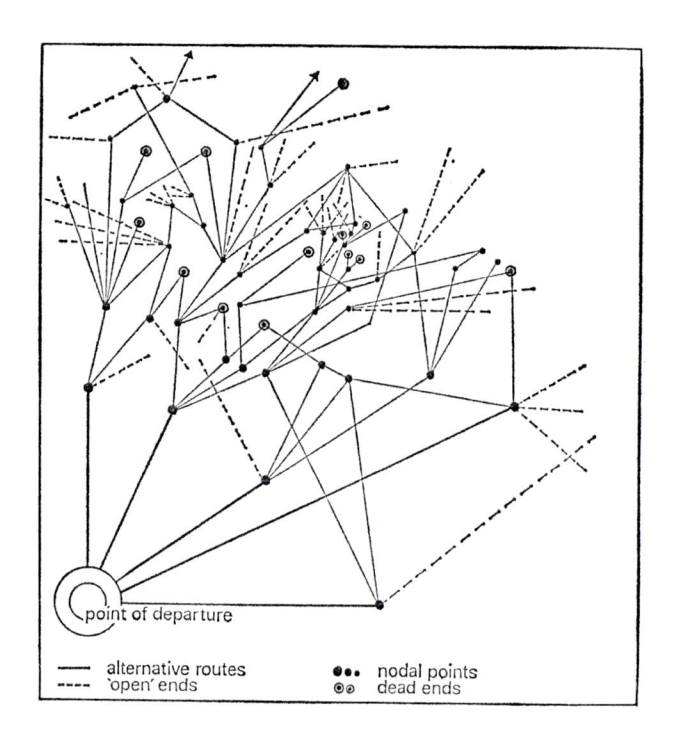

se torna cada vez mais denso por meio do próprio processo. Projetar é um processo de retroceder e avançar entre centenas de ideias, no qual soluções parciais e detalhes são repetidamente testados para gradualmente revelar e moldar uma interpretação completa dos milhares de critérios e exigências, assim como os ideais pessoais do arquiteto de coordenação e harmonização, em uma entidade de arquitetura ou arte completa.
Um projeto de arquitetura não é apenas o resultado de um processo de resolução de problemas, mas também é uma proposta metafísica que expressa o mundo mental do artista e seu entendimento do mundo da vida humana. Simultaneamente, o processo varre os mundos interno e externo e entrelaça os dois universos.

Na maioria das vezes, a ideia inicial e a primeira elaboração do esquema precisam ser abandonadas e o processo inteiro deve ser recomeçado. Esta é uma busca no desconhecido e na escuridão das incertezas na qual gradualmente se chega a uma certeza subjetiva, por meio dos trabalhosos processos da própria busca. Esta busca é uma jornada tanto corporificada e tátil, guiada pelas mãos e pelos sentimentos do corpo, como um empreendimento visual e tátil. Uma tarefa de arquitetura não é um mero problema lógico ou racional que deve ser solucionado. No projeto de arquitetura, tanto o fim apropriado como o meio deve ser identificado e concretizado. Além de resolver problemas racionais e satisfazer requisitos funcionais, técnicos e de outras naturezas, sempre se espera que uma obra de arquitetura profunda evoque valores humanos, experimentais e existenciais que não podem ser prescritos. Toda verdadeira obra de arquitetura recoloca o homem no mundo e ajuda a esclarecer seu enigma existencial. Toda tarefa de arquitetura levada a sério exige uma idealização distinta da situação, do cliente e do uso futuro da edificação. A arquitetura precisa construir um mundo melhor, e esta projeção de uma dimensão humana idealizada exige mais sabedoria existencial do que habilidade, técnica e experiência profissional. Na verdade, uma tarefa de projeto é uma exploração existencial na qual o conhecimento profissional do arquiteto, suas experiências de vida, suas sensibilidades ética e estética, sua mente e seu corpo, seus olhos e suas mãos, bem como toda sua personalidade e sabedoria existencial se fundem em determinado momento.

O trabalho do pensamento: o valor da incerteza

O pensamento criativo é *trabalho*, labuta, no sentido próprio da palavra, e não um mero *insight* instantâneo, inesperado e sem qualquer esforço. Tais milagres talvez apenas ocorram com um verdadeiro gênio, mas mesmo nesses casos o gênio trabalhou duro ao longo de todas as etapas, até chegar ao ponto em que a obra se tornou realidade. Tal trabalho geralmente é uma tarefa suada e desordenada. Eu, pessoalmente, gosto de ver os traços, as manchas e a sujeira do meu trabalho, a sobreposição de linhas apagadas, erros e fracassos, os traços repetidos no desenho

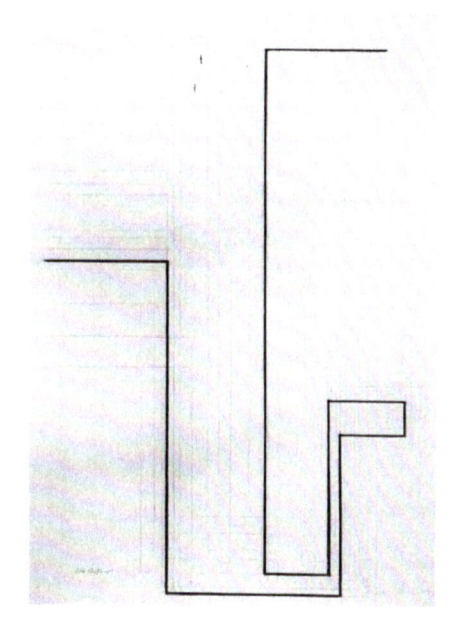

As linhas apagadas de um esboço fazem parte do desenho final e revelam a sequência de tentativas e erros e sugerem a dimensão de tempo e profundidade espacial.
Juhana Blomstedt, *Desenho*, carvão sobre papel, 106 × 76 cm, 1985.

112   As Mãos Inteligentes

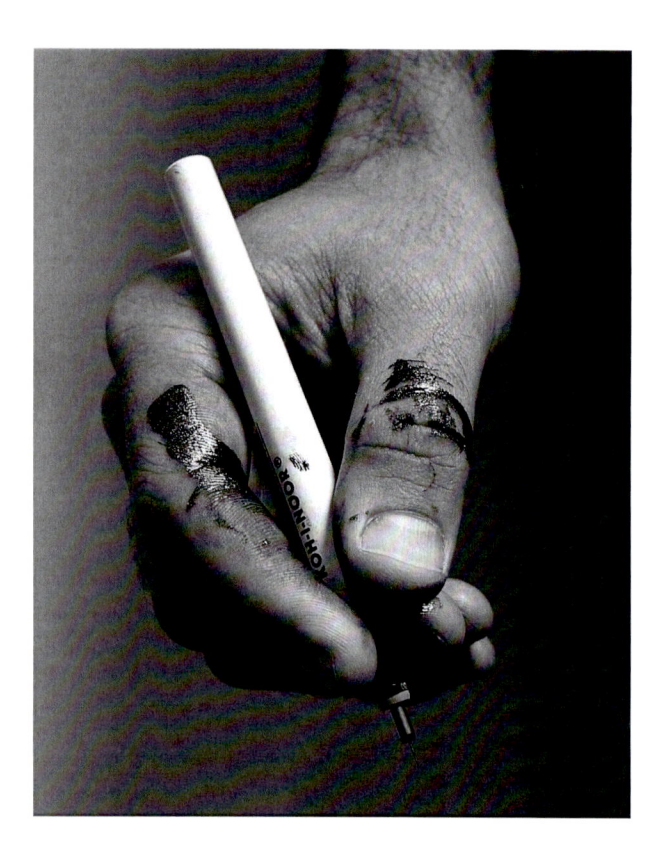

A sujeira do trabalho
na mão do desenhista
técnico.

e a colagem de correções, acréscimos e eliminações na página em que estou escrevendo durante todo o tempo em que estou desenvolvendo uma ideia. Estes vestígios me ajudam a sentir a continuidade e a intenção do trabalho, a me demorar no trabalho e a entender a multiplicidade ou, quem sabe, a própria plasticidade da tarefa. Eles também me ajudam a manter, durante um período de tempo suficiente, o estado mental de incerteza, hesitação e indecisão necessário ao processo. A sensação de certeza, satisfação e finalidade que surge cedo demais pode ser catastrófica. A hesitação no próprio desenho expressa e mantém minha própria incerteza interior. E, o que é mais importante de tudo, a sensação de incerteza preserva e estimula a curiosidade. Desde que não se permita que a incerteza cresça demais e se transforme em falta de esperança ou em depressão, ela é uma força motriz e uma fonte de inspiração para o processo criativo. Projetar é sempre buscar algo previamente desconhecido, uma exploração em território desconhecido; e o processo de projeto propriamente dito, ou seja, as ações das mãos que procuram, precisa expressar a essência desta jornada mental.

Joseph Brodsky ressalta o valor da insegurança e da incerteza para o esforço criativo. Suas opiniões sensíveis e radicalmente éticas da tarefa do poeta me ensinaram muito sobre a missão do arquiteto. "Na profissão de escritor, o que acumulamos não é perícia, e sim incertezas",[2] confessa o poeta, e sinto que um arquiteto criativo, de maneira similar, acaba acumulando incertezas. Brodsky relaciona a incerteza a um senso de humildade: "A poesia é uma tremenda escola de inseguranças e incertezas [...] [A] poesia – tanto sua escrita como sua leitura – o ensinará a humildade, e isso será bastante rápido. Especialmente se você estiver tanto a escrevendo ou lendo poesia."[3] Esta observação sem dúvida também se aplica à arquitetura, uma vez que seu exercício junto com a teorização pode trazer uma humildade particular. Mas o poeta sugere que estes estados mentais, que geralmente são considerados prejudiciais, na verdade podem se transformar em uma vantagem para a criatividade: "Se esta [incerteza ou insegurança] não destruir você, ela, no fim, se tornará sua amiga íntima e você praticamente atribuirá a ela uma inteligência totalmente independente", aconselha o poeta.[4]

Billy Collins, outro poeta, explica por que ele insiste em escrever a lápis ou caneta em vez de usar um teclado: "Sempre componho à caneta ou a lápis, simplesmente porque o teclado, para mim, faz com que tudo pareça quase pronto, pareça congelado, e escrever no papel me dá uma sensação de fluidez, de que aquilo que estou escrevendo ainda é provisório. E como também não sei onde o poema está indo e não quero saber antes de chegar até lá, sempre sinto como se o poema, enquanto estou o escrevendo, está trabalhando duro para uma espécie de compreensão de si próprio".[5]

Compartilho esta visão com o poeta. Tanto na escrita como no desenho, o texto e a imagem precisam ser libertados de um senso de propósito, objetivo e percurso. Quando somos jovens e temos a mentalidade estreita, queremos que o texto e o desenho concretizem uma ideia pré-concebida, que deem à ideia uma forma instantânea e precisa. Por meio de uma crescente incapacidade de tolerar a incerteza, a imprecisão, a falta de definição e precisão, a ambiguidade e a ausência momentânea da lógica, gradualmente desenvolvemos a capacidade de cooperar com nossos próprios trabalhos e de permitir que eles deem suas sugestões e façam suas mudanças e seus desvios inesperados. Em vez de ditar um pensamento, o processo mental se transforma em um ato de espera, audição, colaboração e diálogo. A obra se torna uma jornada que pode nos levar a lugares e continentes jamais visitados ou cuja existência era desconhecida antes de ser orientada pelo trabalho de nossas próprias mãos e nossa imaginação, e pela postura combinada que temos de hesitação e curiosidade.

Há uma oposição inerente entre o definido e o indefinido na arte. Um fenômeno artístico quer fugir à definição até que tenha alcançado sua existência autossuficiente – e acredito que mesmo além daquele ponto. Colocando em termos simples, a fusão criativa verdadeira sempre alcança mais do que pode ser previsto por qualquer teoria, e um projeto profundo sempre alcança mais do que poderia ser imaginado pelo programa de necessidades ou por qualquer pessoa que participou do processo.

Devo confessar que desde os dias de autossegurança tola de minha juventude (aquela incerteza genuína, pobreza de compreensão e falta de visão – obviamente disfarçadas), minha sensação de incerteza vem crescendo constantemente, ao ponto de se tornar quase intolerável. Cada problema, cada questão, cada detalhe se encontra tão profundamente arraigado nos mistérios da existência humana que frequentemente não parece existir uma resposta satisfatória ou mesmo qualquer solução. Em um sentido básico, posso dizer que, com a idade e a experiência, nos tornamos cada vez mais amadores, em vez de nos tornarmos profissionais que possuem respostas automáticas e certas. Um profissional bem-sucedido e de boa reputação dificilmente pararia para se fazer perguntas sobre, por exemplo, o que é um piso, uma janela, uma porta. Ainda assim, será que alguém consegue realmente me dizer quais são as essências metafísicas fundamentais destes elementos da arquitetura e suas importâncias humanas fora e antes de uma tarefa de projeto específica?

Resistência, tradição e liberdade

Uma palavra que se ouve com bastante frequência nos ateliês das escolas de arquitetura e entre jurados de concursos de arquitetura é "liberdade". A palavra parece descrever uma independência artística do projeto. A independência da tradição e dos precedentes, dos condicionantes estruturais o materiais, ou do puro racionalismo, geralmente é vista como uma dimensão da liberdade artística. Ainda assim, Leonardo da Vinci nos ensinou que "a força nasce nos condicionantes e morre na liberdade".[6]

É realmente instigante que grandes artistas de qualquer era raramente falem da dimensão da liberdade em suas obras. Eles enfatizam o papel das restrições e dos condicionantes em seus materiais e meios artísticos, a situação cultural e social e a formação de suas personalidades e estilo. A grandiosidade de um artista advém da identificação de seu próprio território e de seus limites pessoais, e não de um desejo indeterminado pela liberdade. Em vez de desejarem com ardor a liberdade, eles enfatizam o caráter disciplinado e limitado pela tradição de sua forma de arte. Em suas memórias *My Life and My Films*, Jean Renoir escreve sobre a "resistência da técnica"[7] no cinema, enquanto Igor Stravinsky fala da "resistência do material e da técnica"[8] como importantes forças contrárias em sua obra como compositor. Stravinsky desdenha de qualquer desejo pela liberdade: "Aqueles que tentam evitar a subordinação apoiam de modo unânime a vista antitradicional contrária. Eles rejeitam os condicionantes e nutrem a esperança – sempre fadada ao insucesso – de encontrar o segredo da força na liberdade. Eles não encontram nada, exceto a arbitrariedade de anomalias e desordem, eles perdem todo o controle, se desviam [...]".[9] Stravinsky, o arquimodernista da música, afirma vigorosamente que a força e o significado da obra de arte apenas podem derivar da tradição. Em sua opinião, um artista que deliberadamente busca a novidade fica aprisionado em sua própria aspiração: "Sua arte se torna única, realmente, no fato de que seu mundo está totalmente fechado e não contém qualquer possibilidade para a comunicação".[10] O compositor considera o conceito da tradição um ingrediente tão essencial para a arte que conclui com a afirmação enigmática do filósofo catalão Eugeni d'Ors: "Tudo que permanece fora da tradição é plágio".[11]

Os limites e as restrições são igualmente importantes em todas as artes. Paul Valéry, o poeta, afirma de modo inequívoco: "A liberdade máxima nasce do rigor máximo".[12] Em seu livro *O Poder dos Limites* – que estuda a harmonia das proporções na natureza, na arte e na arquitetura, e especialmente a repetida ocorrência da Seção Áurea nestes fenômenos –, György Doczi observa: "[N]o nosso fascínio pelos nossos poderes da invenção e da conquista, perdemos de vista o poder dos limites".[13] Este é um pensamento fundamental para nossa era – uma era que parece estar negligenciando a importância dos limites.

Ao rejeitar a sabedoria e a resistência da tradição, a arquitetura também tende, por um lado, a uma uniformidade moribunda e, por outro, a uma anarquia ou expressão desarraigada. Toda forma de arte possui sua ontologia, bem como seu campo de expressão característico, e há limites impostos por sua própria essência, suas estruturas internas e seus materiais. Gerar expressões arquitetônicas a partir das realidades inquestionáveis da construção é a longa tradição da arte da arquitetura. A linguagem tectônica da arquitetura, a lógica interna da própria construção, expressa gravidade e estrutura, a linguagem dos materiais e os processos de construção e os detalhes dos elementos de conexão e dos materiais entre si. Penso que a arquitetura surja da identificação e articulação das realidades da tarefa em questão, e não da fantasia individual. Aulis Blomstedt costumava aconselhar com sabedoria seus alunos na Universidade de Tecnologia de Helsinque: "A capacidade de imaginar situações da vida é um talento mais importante para o arquiteto do que o dom de fantasiar o espaço".[14]

O pensamento por meio dos sentidos

Toda obra de arquitetura significativa é resultado de um pensamento sério – ou, para sermos mais precisos, de uma maneira distinta de pensar por meio da arquitetura. Da mesma maneira que o cinema é um modo de pensamento cinemático, a pintura é um meio de articular ideias pictóricas, a escultura é uma maneira de elaborar e expressar pensamentos escultóricos e a arquitetura é um meio de filosofar sobre o mundo e a existência humana por meio do ato material e corporificador de edificar. A arquitetura desenvolve metáforas existenciais e vivenciadas por meio do espaço, da estrutura, da matéria, da gravidade e da luz. Consequentemente, a arquitetura não ilustra ou imita as ideias da filosofia, literatura ou de qualquer outra forma de arte: ela é um modo de pensar autônomo. As ideias articuladas pelas artes são pensamentos pictóricos, musicais, cinemáticos ou arquitetônicos concebidos e expressos pelo meio inerente e a lógica artística de cada forma particular de arte, a partir de um processo dialético

Capítulo 5 O Pensamento Corporificado 117

A arquitetura cria metáforas existenciais por meio do espaço, da estrutura, da matéria, da gravidade e da luz. Grandes edificações também são ícones da vida e mandalas metafísicas.
Frank Lloyd Wright, Casa da Cascata ou Casa Edgar J. Kaufmann, Mill Run, Pensilvânia, Estados Unidos, 1934–7.

que tem sua própria tradição. As ideias artísticas não são necessariamente conceituáveis ou podem ser traduzidas em termos verbais, uma vez que são metáforas corporificadas do mundo e das maneiras particulares que nele existimos. A arquitetura também é uma expressão artística, na medida em que transcende sua esfera puramente utilitária, técnica e racional e se torna uma manifestação metafórica do mundo em que vivemos e da condição humana.

Existe uma visão amplamente aceita que deseja eliminar totalmente as fronteiras entre as várias formas de arte. Eu, pessoalmente, sinto que as diferenças ontológicas entre as várias artes são suficientemente significativas para que reconheçamos os aspectos comuns ou o campo compartilhado das artes. Toda forma de arte tem suas origens e tradições, e quando se perde esta espinha dorsal ontológica da disciplina, a forma de arte enfraquece – ao menos se acreditarmos no testemunho que Ezra Pound, o poeta arquimodernista, oferece em seu livro *ABC of Reading*: "[A] música começa a atrofiar quando se afasta demais da dança [...] a poesia começa a atrofiar quando fica longe demais da música [...]".[15]

Em minha opinião, a arquitetura se transforma de maneira similar em mera estética quando se afasta de seus motivos originários de domesticar o espaço e o tempo, de uma compreensão animista do mundo, e da representação metafórica do ato de construir. Toda forma de arte deve estar reconectada com sua essência ontológica, particularmente nos períodos em que a forma de arte tende a um maneirismo esteticista e vazio. As obras de arquitetura do período modernista, assim como as de nossa época, que refletem os tremores das origens – como as obras de Sigurd Lewerentz, Louis Kahn, Aldo van Eyck e Peter Zumthor, por exemplo –, projetam esplendor magistral e profundidade de sentimentos. Tais obras nem sempre são requintadas em termos estéticos, já que apresentam uma profunda e perturbadora capacidade de provocar emoções e levantar questões, em vez de dar respostas bem formuladas. A Casa da Cascata, de Frank Lloyd Wright (1934–7), em Mill Run, na Pensilvânia, ou qualquer outra obra-prima da arquitetura, abre um novo horizonte à existência humana, em vez de responder qualquer pergunta.

Louis Kahn pregava a importância dos inícios: "O espírito do início é o momento mais maravilhoso de qualquer coisa. Pois é no início que está a semente de todas as coisas que devem seguir. Uma coisa não está pronta para iniciar a menos que possa conter tudo aquilo que um dia poderá dela brotar. Esta é a característica de um início, caso contrário, não há início – é um falso início".[16]

Toda a nossa constituição corporal e os nossos sentidos "pensam", de acordo com a ideia fundamental de identificar e processar as informações sobre nossa situação no mudo e mediar as respostas comportamentais sensíveis. Na opinião de Henry Plotkin, professor de psicobiologia, o conhecimento significa mais do que saber de modo consciente palavras ou fatos: "O conhecimento é o estado de um organismo que apresenta uma relação com o mundo".[17] A dançarina e o jogador de futebol "pensam" com seus corpos e suas pernas, o artesão e o escultor, com suas mãos, o compositor, com seus ouvidos. De fato, todo o nosso corpo e o nosso sentido existencial participam em todos os processos de pensamento. "A dançarina tem ouvidos nos dedos dos pés", como afirma Nietzsche.[18]

Em seu ensaio "What calls for thinking?", Martin Heidegger descreve o pensamento por meio da arte da construção de armários. O filósofo confere às mãos um papel essencial nos processos de pensamento e as associa à capacidade de falar, um tema já discutido nos capítulos anteriores deste livro:

> Talvez o pensamento também seja apenas uma coisa similar à construção de um armário. De qualquer modo, o pensamento é um trabalho artesanal, um "trabalho manual", e, portanto, tem uma relação especial com as mãos. De acordo com a visão usual, as mãos fazem parte de nosso organismo corporal. Contudo, a essência das mãos jamais pode ser determinada ou explicada, uma vez que são órgãos que conseguem agarrar. [...] As mãos são infinitamente diferentes de todos os órgãos que agarram. [...] diferentes devido a um abismo na essência. Somente um ser que consegue falar, isto é, pensar, pode ter mãos e pode alcançar por meio manual as obras de trabalho artesanal.[19]

Um pensamento artístico não é meramente uma dedução conceitual ou lógica, ele implica em uma compreensão existencial de uma síntese da experiência vivenciada que funde a percepção, a memória e o desejo. A percepção funde a memória com o próprio objeto da percepção e, consequentemente, até mesmo as percepções ordinárias são processos complexos de comparação e avaliação.

A memória e o pensamento corporificados

Merleau-Ponty amplia a ideia dos processos de pensamento corporificados, para incluir todo o corpo, quando afirma: "O pintor 'leva seu corpo consigo' (diz Paul Valéry). De fato, não conseguimos imaginar como uma mente poderia pintar".[20] Sem dúvida, é igualmente impensável imaginar que uma mente poderia conceber a arquitetura, devido ao papel insubstituível do corpo na própria constituição da arquitetura. As edificações não são construções abstratas e sem significado ou mesmo composições da estética, elas são extensões de nossos corpos e abrigos para eles, bem como nossas memórias, identidades e mentes. Consequentemente, a arquitetura surge de nossas confrontações, experiências, lembranças e aspirações existencialmente verdadeiras.

A mais abstrata das tarefas se tornaria disparatada se fosse desvinculada de seu fundamento na corporificação humana. Até mesmo a arte abstrata articula a "carne do mundo",[21] e compartilhamos esta própria carne, bem como a realidade gravitacional do mundo, com nossos corpos. "A mente não é apenas corpórea, mas corpórea de tal modo que nosso sistema conceitual se baseia em grande parte nas características comuns que nossos corpos têm com os ambientes em que vivemos", como afirmam os autores de *Philosophy in the Flesh*.[22] Somos ocupantes deste mundo de realidades físicas e mistérios mentais, e não observadores externos ou teóricos do mundo.

O corpo também faz parte de nosso sistema de memória. O filósofo Edward S. Casey, que escreveu estudos fenomenológicos pioneiros sobre lugar, memória e imaginação, ressalta o papel do corpo no ato da memorização: "A memória corporal é [...] o centro natural de qualquer relato sensível da lembrança".[23] Em outro contexto, ele explica melhor sua opinião: "Não há memória sem memória corporal [...] Ao afirmar isso, não quero dizer que sempre que nos lembramos estamos de fato usando a memória corporal. [...] Na verdade, estou dizendo que não teríamos como nos lembrar [...] se não tivéssemos a capacidade da memória corporal".[24] Além disso, há estudos filosóficos recentes, como *The Body in the Mind*, de Mark Johnson, e *Philosophy in the Flesh*, de Johnson e George Lakoff, que defendem de maneira enfática a natureza corpórea do próprio pensamento.[25]

Na minha própria colaboração com pintores, escultores e artesãos ao longo de mais de quatro décadas, aprendi a admirar suas capacidades de registrar a essência das coisas por meio de suas mãos e seus corpos, e por meio de seus entendimentos existenciais não conceitualizados, em vez de usarem análises intelectuais e verbais. Eles se baseiam na sabedoria silenciosa do corpo e das mãos. Também tive a oportunidade de observar que as mãos e o corpo produzem ideias claramente distintas às da cabeça. Estas tendem a ser ideias conceituais, intelectuais e geométricas, enquanto as primeiras geralmente projetam espontaneidade, sensualidade e tatilidade. A mão registra e mede o pulso da realidade vivenciada.

Uma maneira corporificada de aprender e manter habilidades práticas, bem como de responder a situações da vida é o modo dominante de conhecimento também nas sociedades tradicionais. O aprendizado de uma habilidade é, antes de tudo, uma questão de mimese muscular corporificada adquirida por meio da prática, e não de instruções conceituais ou verbais. Pessoalmente, não consigo lembrar muitas conversas de minha juventude na fazenda de meu avô; a vida e o trabalho do dia a dia ocorriam "em carne e osso" na vida rural, todos sabiam seu lugar na família e os ciclos do trabalho diário e todos aprendiam e lembravam inúmeras habilidades práticas por meio de padrões corporificados da própria vida e do trabalho. Não me recordo de alguém um dia ter perguntado para outra pessoa se ela sabia fazer algo; supunha-se de maneira natural que todos sabiam fazer tudo que era necessário às tarefas da vida rural cotidiana. O conhecimento do fazendeiro era formado por habilidades corporificadas cruciais que eram codificadas por estações e ciclos do ano e as situações concretas da vida cotidiana, em vez de estarem em livros e notas.

O conhecimento existencial

A visão prevalecente de nossa cultura faz uma distinção fundamental entre os mundos da ciência e da arte. Considera-se que a ciência representa a esfera da normalidade, do conhecimento racional e objetivo, enquanto a arte corresponda ao mundo das sensações subjetivas, emocionais e fundamentalmente irracionais. Entende-se que a primeira tenha valor instrumental e operacional, enquanto a segunda é vista como uma forma exclusivamente de entretenimento cultural.

Em uma entrevista dada em 1990 sobre as complexidades e os mistérios da nova física, perguntaram a Steven Weinberg, que ganhou o Prêmio Nobel de Física de 1979 por sua descoberta do relacionamento entre o eletromagnetismo e as forças nucleares fracas: "A quem você perguntaria sobre a complexidade da vida, Shakespeare ou Einstein?" O físico respondeu imediatamente: "Ah, quanto à complexidade da vida, não há dúvida – Shakespeare". E o entrevistador continuou: "E você perguntaria a Einstein sobre a simplicidade?" "Sim, para ter uma ideia de por que as coisas são da maneira como são – e não para saber por que as pessoas são da maneira como são, pois este é o fim de uma longa corrente de inferimentos..."[26]

A arte articula nossas experiências essenciais de modo existencial, mas, como já foi dito no capítulo anterior, ela também representa modos particulares de pensamento. As reações ao mundo e ao processamento de informações ocorrem diretamente como atividades corporificadas e sensoriais, sem se transformarem em conceitos ou mesmo entrarem na esfera da consciência.

É evidente que precisamos repensar alguns dos próprios fundamentos da percepção e da criação da arquitetura à luz destes argumentos. Além de diminuir o preconceito visual do pensamento arquitetônico, precisamos ser críticos na abordagem da arquitetura com uma ênfase intelectual e lógica. Um arquiteto sábio e maduro trabalha com todo seu corpo e senso de identidade própria. Ao trabalhar em um prédio ou objeto, o arquiteto está simultaneamente envolvido na perspectiva reversa de sua autoimagem em relação ao mundo e em seus conhecimentos existenciais. Além de habilidades práticas e *conhecimentos operativos e instrumentais*, o projetista e o artista precisam de *conhecimentos existenciais* moldados pelas experiências da vida. Os conhecimentos existenciais surgem da maneira como a pessoa experimenta e expressa sua existência, e estes conhecimentos fornecem o contexto mais importante para julgamentos éticos. Na atividade de projeto, estas duas categorias de conhecimentos se fundem e, como consequência, a edificação é ao mesmo tempo um objeto racional com utilidade e uma metáfora artística e existencial.

Todas as profissões e disciplinas contêm ambas as categorias de conhecimentos em vários graus e configurações. As dimensões instrumentais de um ofício artesanal podem ser teorizadas, pesquisadas, ensinadas e incorporadas na prática de modo bastante racional, enquanto as dimensões existenciais estão integradas dentro da própria identidade de uma pessoa, suas experiências de vida e seu senso ético, além de seu senso pessoal de missão. A categoria da sabedoria existencial também é muito mais difícil ou mesmo impossível de ensinar. Ainda assim, ela é a condição insubstituível para o trabalho criativo. É realmente instigante reconhecer que na maioria dos países não existe praticamente nenhum tipo de ensino acadêmico formal para poetas e romancistas; a obra destes está tão vigorosamente embasada nos conhecimentos existenciais que se espera que os artistas surjam e cresçam sem uma educação explícita e pedagogicamente formalizada.

O ensino da sabedoria existencial na educação ocorre principalmente por meio do desenvolvimento da personalidade de uma pessoa, a qual frequentemente é um reflexo da individualidade e do caráter do professor sobre a identidade própria do aluno. Esta sabedoria sobre a vida é um lento acúmulo de experiências, uma maturação gradual da personalidade e uma internalização – mais uma vez eu usaria a palavra corporificação – de um senso de responsabilidade e ambição. Por ambição não estou me referindo a aspirações ou objetivos sociais, mas ao senso interno que uma pessoa tem de responsabilidade e honra e ao desejo que cada um tem de ultrapassar os limites das habilidades e dos conhecimentos anteriores.

Heidegger considera ensinar mais difícil do que aprender: "Ensinar é ainda mais difícil do que aprender [...] Não porque o professor deva ter um corpo de informações maior e este deva estar sempre pronto. Ensinar é mais difícil do que aprender porque ensinar requer o seguinte: deixar aprender. O verdadeiro professor, de fato, não deixa que mais nada possa ser aprendido, exceto aprender".[27] A dificuldade de ensinar implica especialmente a tarefa de ensinar a sabedoria existencial.

Rainer Maria Rilke nos oferece uma descrição comovente e poética dos conhecimentos existenciais necessários para a escrita de uma única linha de um verso:

> Afinal, os versos não são, como as pessoas imaginam, simplesmente sentimentos [...] eles são experiências. Para criar um único verso, uma pessoa precisa ver um grande número de cidades, homens e coisas; ela deve conhecer os animais, sentir como os pássaros voam e saber o gesto por meio do qual as pequenas flores se abrem de manhã. [...] Mesmo assim, não basta ter memórias. Devemos ter a capacidade de esquecê-las quando são demais e ter a enorme paciência para aguardar até que elas retornem. Afinal, ainda não são as memórias em si. Somente quando elas se transformam no sangue que corre em nossas veias, para podermos olhar rapidamente para elas e com elas gesticular, sem lhes dar um nome e já impossíveis de distinguir de nós próprios – é somente neste momento, em uma hora absolutamente improvável, que a primeira palavra de um verso consegue surgir no meio das demais e pode se destacar entre as demais.[28]

As qualificações para escrever uma linha de verso listadas por um dos maiores poetas de todos os tempos sem dúvida devem promover a humildade em qualquer pessoa que deseje se tornar um poeta, artista ou arquiteto.

Referências

1 William H. Gass, "Rilke's Rodin", Introduction to Rainer Maria Rilke, *Auguste Rodin*, Archipelago Books (New York), 2004, p. 11.
2 Joseph Brodsky, "Less than one", Joseph Brodsky, *Less Than One*, Farrar, Straus & Giroux (New York), 1997, p. 17.
3 Joseph Brodsky, "In memory of Stephen Spender", *On Grief and Reason*, Farrar, Straus & Giroux (New York), 1997, p. 473–4.
4 *Ibid.*, p. 473.
5 Entrevista com Billy Collins, boletim do festival "Jazzmouth", Portsmouth, 2008. Quem me mostrou a entrevista foi Glenn Murcutt, arquiteto, que comigo compartilha as ideias sobre a importância das mãos.
6 Citado em Igor Stravinsky, *Musiikin poetiikka [The Poetics of Music]*, Otava Publishing Company (Helsinki), 1968, p. 75 (traduzido por Juhani Pallasmaa).
7 Jean Renoir, *Elämäni ja elokuvani [My Life and My Films]*, Love-Kirjat (Helsinki), 1974 (traduzido por Juhani Pallasmaa).
8 Stravinsky, *Musiikin poetiikka, op. cit.*, p. 66–7.
9 *Ibid.*, p. 75.
10 *Ibid.*, p. 72.
11 *Ibid.*, p. 59. A frase deriva do filósofo catalão Eugeni d'Ors, mas Stravinsky não menciona sua fonte. Luis Buñuel também cita a mesma frase em suas memórias, *My Last Sigh* (Vintage Books [New York], 1983, p. 69–70), dando a fonte apropriada.
12 Paul Valéry, "Eupalinos, or the Architect", in Paul *Valéry Dialogues*, Pantheon Books (New York), 1956, p. 131.
13 György Doczi, "Preface", *The Power of Limits*, Shambhala Publications (Boulder, Colorado and London), 1981, página sem número.
14 Blomstedt apresentou esta ideia de várias maneiras em suas aulas na Universidade de Tecnologia de Helsinque por volta de 1964–6.
15 Ezra Pound, *ABC of Reading*, New Directions (New York), 1987, p. 14.
16 Louis I Kahn, "New frontiers in architecture: CIAM in Otterlo, 1959", in *Louis I Kahn: Writings, Lectures, Interviews* (edited by Alessandra Latour), Rizzoli International Publications (New York), 1991, p. 85.
17 Citado em Frank R. Wilson, *The Hand: How Its Use Shapes the Brain, Language, and Human Culture*, Pantheon Books (New York), 1998, p. 51.
18 Friedrich Nietzsche, *Thus Spoke Zarathustra*, Viking Press (New York), 1956, p. 224.
19 Martin Heidegger, "What calls for thinking?", *Basic Writings*, Harper & Row (New York), 1977, p. 357.
20 Maurice Merleau-Ponty, *The Primacy of Perception*, Northwestern University Press (Evanston, Illinois), 1964, p. 162.
21 Merleau-Ponty descreve a noção da "carne" em seu ensaio "The intertwining – the chiasm" (in Claude Lefort [ed], *The Visible and the Invisible*, Northwestern University Press [Evanston, Illinois], 1969): "Meu corpo é feito da mesma carne que o mundo [...] e, além disso, [...] esta carne do meu corpo é compartilhada pelo mundo [...]" (p. 248); e: "A carne (do mundo e a minha própria) é [...] uma textura que retorna a si própria e harmoniza consigo própria" (p. 146). A noção da "carne" deriva do princípio dialético de Merleau-Ponty sobre a inter-relação do mundo com a identidade pessoal. Ele também fala sobre a "ontologia da carne" como a conclusão definitiva de sua fenomenologia inicial da percepção. Esta ontologia implica que o significado ao mesmo tempo está dentro e fora, é subjetivo e objetivo, é espiritual e material. Veja Richard Kearney, Maurice Merleau-Ponty, *Modern Movements in European Philosophy*, Manchester University Press (Manchester and New York), 1994, p. 73–90.
22 George Lakoff and Mark Johnson, *Philosophy in the Flesh: The Embodied Mind and Its Challenge to Western Thought*, Basic Books (New York), 1999, p. 6.
23 Edward S. Casey, *Remembering: A Phenomenological Study*, Indiana University Press (Bloomington and Indianapolis), 2000, p. 148.
24 *Ibid.*, p. 172.
25 Mark Johnson, *The Body in the Mind: Bodily Basis of Meaning, Imagination and Reason*, The University of Chicago Press (Chicago, Illinois and London), 1987; and George Lakoff and Mark Johnson, Philosophy in the Flesh, *op. cit.*.
26 Entrevista na revista *Time*, 1990. A fonte não pode ser identificada em detalhe.
27 Martin Heidegger, "What calls for thinking?", *Basic Writings*, Harper & Row (New York), 1977, p. 356.
28 Rainer Maria Rilke, *The Notebooks of Malte Laurids Brigge* (translated by M.D. Herter Norter), WW Norton & Co (New York and London), 1992, p. 26–7.

Um jogador de futebol habilidoso internaliza toda a situação complexa dos outros jogadores e da bola, assim como seus movimentos atuais no campo e aqueles esperados, em uma única percepção inconsciente, e responde a ela de maneira instintiva.

6
O Corpo, a Identidade Pessoal e a Mente

"Durante as seções, seus olhos veem muito mais do que ele consegue registrar naquele momento. Ele não se esquece de nada, e muitas vezes o verdadeiro trabalho começa, retirado do rico depósito de sua memória, apenas após o modelo ir embora. Sua memória é ampla e espaçosa; as impressões não são modificadas dentro dela, mas se ajustam ao entorno, e quando elas passam às suas mãos é como se fossem gestos completamente naturais destas mãos."

Rainer Maria Rilke [1]

O corpo como terreno

Uma poderosa identificação e projeção ocorre no trabalho criativo; toda a constituição corporal e mental do artista se torna o campo de trabalho. Até mesmo Ludwig Wittgenstein, cuja filosofia é um tanto desvinculada do imaginário corporal, reconhece a interação da obra filosófica e arquitetônica e a imagem individual: "Trabalhar com filosofia – assim como trabalhar com arquitetura, em vários sentidos – realmente é muito mais trabalhar em si próprio. Na concepção da própria pessoa. Em como uma pessoa vê as coisas. (E o que ela espera delas.)"[2]

Tanto o arquiteto como o artista estão diretamente engajados com seu senso de identidade própria, em vez de estarem intelectualmente focados em um problema externo e materializável. Um grande músico toca si próprio, e não seu instrumento, da mesma maneira como um jogador de futebol muito habilidoso joga com sua entidade própria e o campo internalizado e corporificado. "O jogador entende onde a goleira está de modo mais vivenciado do que sabido. A mente não habita o campo de futebol, mas o campo é habitado por um 'corpo que sabe'", escreve Richard Lang, ao comentar as ideias de Merleau-Ponty sobre as habilidades de um jogador de futebol.[3] O trabalho é identificado e introjetado no corpo de uma pessoa. Eu me torno o meu trabalho. Talvez não consiga analisar intelectualmente ou saber o que está errado com meu trabalho durante o processo de escrita ou projeto, mas meu corpo o sabe por meio de sensações de desconforto, distorção, assimetria, dor e uma curiosa sensação de vergonha e de não ser completo. Sei quando cheguei a uma solução aceitável no trabalho quando meu corpo se sente relaxado e equilibrado; o corpo dá seu sinal de aprovação. A sensação de vergonha se transforma em um sentimento de calma e satisfação.

O mundo e a identidade pessoal

Durante sua emergência, uma obra criativa requer dois focos simultâneos – o mundo e a identidade pessoal do artista; e, como consequência deste foco duplo, toda obra de arte profunda é essencialmente e ao mesmo tempo uma representação microcósmica do mundo e um autorretrato inconsciente. Jorge Luis Borges nos dá uma expressão memorável desta perspectiva dupla: "Um homem assume a tarefa de retratar o mundo. Ao longo dos anos ele preenche determinada superfície com imagens de províncias e reinos, montanhas, baías, navios, ilhas, peixes, cômodos, instrumentos, corpos celestiais, cavalos e pessoas. Pouco antes de morrer, ele descobre que este paciente labirinto de linhas é um desenho de sua própria face".[4]

Na nossa compreensão atual da arquitetura, tanto como arquitetos quanto como usuários, tendemos a nos fechar fora do mundo e do próprio fenômeno da arquitetura e a ser meros observadores. Ainda assim, é a própria linha limítrofe entre a identidade pessoal e o mundo que é aberta e articulada em uma experiência artística e arquitetônica. Como afirma Salman Rushdie em seu ensaio em memória de Herbert Read (já citado na Introdução deste livro): "A literatura é feita na fronteira entre a identidade pessoal e o mundo, e durante o ato criador, esta linha limítrofe se torna permeável e permite que o mundo flua no artista e o artista flua no mundo".[5]

Sem dúvida, a arquitetura também é concebida e experimentada nesta fronteira existencial, e não há nenhuma experiência artística ou arquitetônica sem a fusão do espaço e do senso de personalidade do observador, ouvinte ou usuário. Quando afirmo que o senso de personalidade do arquiteto ou artista é um foco embrionário na obra, não estou sugerindo um elemento narcisista no processo de projeto ou criação da arte. Estou simplesmente dizendo que todas as ideias precisam ser testadas por meio da imaginação pessoal do projetista ou artista, da sabedoria de seu corpo e da sua capacidade de empatia; não há outra autoridade ou campo de teste envolvido. O artista é a única autoridade em sua obra; somente artistas frágeis buscam a aceitação e a autorização externas. Somente artistas superficiais procuram o reconhecimento, uma vez que o confronto com a fronteira existencial de cada um não exige o reconhecimento externo ou social.

Além disso, ao projetar uma casa, por exemplo, o arquiteto não consegue projetá-la para o outro, como um usuário externo. O arquiteto precisa internalizar o cliente, o outro, e desenvolver o projeto para seu *alter ego*. Empresto meu corpo, minhas mãos e minha mente ao serviço do outro, como se eu, no papel de arquiteto, fosse uma barriga de aluguel para o nascimento da casa. Ao fim do processo, o produto é passado ao outro, o cliente e usuário. Sem esta profunda internalização e identificação pessoal com o cliente, ocupante ou usuário, o arquiteto apenas consegue resolver as exigências explícitas do programa e satisfazer as intenções e os desejos explícitos do outro. Assim, uma casa profunda sempre é um retrato duplo: ela é ao mesmo tempo uma imagem do cliente (ou de uma condição cultural específica) e um autorretrato do arquiteto. Uma obra de arquitetura também é, em essência, um presente.

De certo modo, a relação do arquiteto com o cliente é um tanto antagônica. O projetista não pensa nas exigências, posturas ou preferências do cliente diretamente enquanto trabalha com o cliente internalizado em sua própria pessoa. "Pensar no leitor é um erro mortal para o escritor", afirma J. M. Coetzee, autor sul-africano que recebeu o Prêmio Nobel de Literatura.[6] No posfácio de seu livro *O Nome da Rosa*, Umberto Eco faz a afirmação similar de que há duas categorias de escritores: o primeiro tipo escreve aquilo que espera que os leitores queiram ler, enquanto o segundo cria seu leitor ideal à medida que escreve. Na visão de Umberto Eco, o primeiro escritor será capaz de produzir apenas livros populares, mas de pequeno valor literário, enquanto o outro conseguirá produzir obras que tocam e elevam a alma humana de modo atemporal.[7]

Não aceito o narcisismo ou autocentrismo na arquitetura, mas, em minha opinião, o arquiteto precisa criar seu cliente ideal durante o processo de projeto. A arquitetura significativa é concebida para um cliente "glorificado" e aspira a um mundo idealizado, uma forma de vida que é ao menos mais cultivada, humana e compreensiva do que sua atualidade. É por essa razão que a arquitetura profunda sempre transcende as condições dadas e alcança mais do que aquilo para o qual foi encomendada de maneira consciente. Esta é a verdadeira dimensão política da arquitetura.

O mundo e a mente

"Como poderia o pintor ou poeta expressar outra coisa senão seu encontro com o mundo?",[8] escreve Maurice Merleau-Ponty, cujos escritos analisam a inter-relação entre os sentidos, a mente e o mundo, oferecendo uma base estimulante para o entendimento da intenção e do impacto de um artista.

A arte e a arquitetura estruturam e articulam nossas experiências de estarmos no mundo. Uma obra de arte não media conhecimentos estruturados de maneira conceitual sobre o estado objetivo do mundo, mas torna possível um intenso encontro experimental e existencial. Sem apresentar qualquer proposta precisa sobre o mundo ou sua condição, a arte direciona nossa visão para a superfície limítrofe entre nosso senso de identidade própria e o mundo. "É desnorteante que enquanto absorve o que o rodeia, o que está observando e dando forma a estas percepções, o artista, na verdade, não diz nada sobre o mundo ou ele próprio, e sim que eles se tocam",[9] escreve o pintor finlandês Juhana Blomstedt, ecoando a afirmação de Merleau-Ponty. O artista toca a pele do seu mundo com o mesmo senso de encanto que uma criança risca a superfície de uma vidraça coberta com gelo.

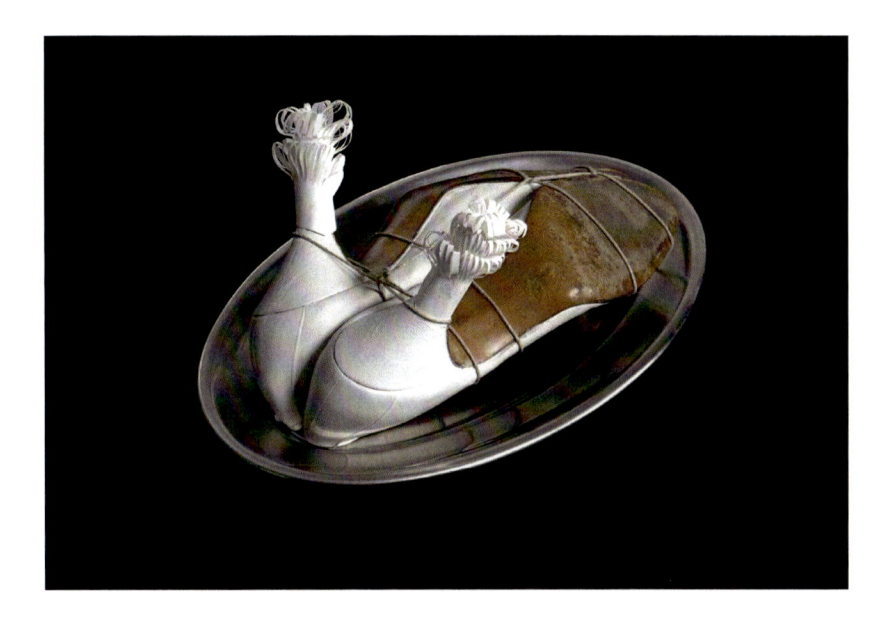

Obras de arte genuínas não podem ser explicadas de modo intelectual e lógico e criam um curto-circuito momentâneo na consciência do observador.
Meret Oppenheimer, *Minha Enfermeira*, 1936, sapatos de salto alto com papel encrespado sobre uma travessa oval, 14 × 21 × 33 cm. Museu Nacional, SKM, Estocolmo.

Uma obra de arte não é um enigma intelectual que busca uma interpretação ou explicação. Ela é um complexo de imagens, experiências e emoções que entra diretamente em nossa consciência. Ela tem um impacto em nossa mente antes que possamos compreendê-la ou mesmo sem que cheguemos em algum momento a entendê-la intelectualmente. O artista encontra um meio além das palavras, dos conceitos e das explicações racionais em sua busca constante por um reencontro inocente com o mundo. As construções racionais pouco ajudam na busca artística, uma vez que o artista tem de re-descobrir os limites de sua própria existência repetida e constantemente.

A exploração do artista foca as essências experimentais vivenciadas e este objetivo define sua abordagem e seu método. Como afirma Jean-Paul Sartre: "Essências e fatos são incomensuráveis, e uma pessoa que começa sua pesquisa com fatos jamais chegará às essências [...] a compreensão não é uma característica que vem do exterior à realidade humana; ela é uma maneira característica de existir"[10]; todas as obras de arte abordam este modo natural de entendimento intimamente relacionado com nossa própria experiência de ser.

O espaço existencial na arte

Não vivemos em um mundo objetivo de matéria e fatos, como o realismo ingênuo e banal pressupõe. O modo da existência caracteristicamente humano ocorre nos mundos das possibilidades, moldados por nossas capacidades de fantasiar e imaginar. Vivemos em mundos da mente, nos quais o material e o mental, assim como o experimentado, o lembrado e o imaginado, se fundem completamente uns nos outros. Como consequência, a realidade vivida não segue as regras de espaço e tempo definidas pela física. Na verdade, podemos dizer que o mundo em que vivemos é fundamentalmente "não científico", quando medido pelos critérios da ciência empírica ocidental. Em seu caráter difuso, o mundo em que vivemos está mais próximo da esfera dos sonhos do que de uma descrição científica. Para distinguir o espaço vivido do espaço físico e geométrico, ele pode ser chamado de espaço em que vivemos ou de espaço existencial. O espaço existencial é estruturado com base em significados e valores nele refletidos por um indivíduo ou grupo, seja de modo consciente ou inconsciente; o espaço existencial é uma experiência única interpretada por meio da memória e da experiência de cada indivíduo. Por outro lado, grupos ou mesmo nações compartilham certas características do espaço existencial que constituem suas identidades coletivas e seus sensos de união. O mundo experimental em que vivemos – e não o espaço físico ou matemático – é o objeto e o contexto tanto da criação quanto da experiência da arte e da arquitetura. A tarefa da arquitetura é "tornar visível como o mundo nos toca", como Maurice Merleau-Ponty escreveu sobre as pinturas de Cézanne.[11] De acordo com o filósofo, vivemos na "carne do mundo"[12] e a arquitetura estrutura e articula esta própria carne existencial, conferindo-lhe significados específicos. A arquitetura doma e domestica o espaço e o tempo na carne do mundo, para que os humanos o habitem. Ela enquadra a existência humana de maneiras específicas e define um horizonte básico de compreensão. Em seu significado mais amplo e mais geral, as obras de arquitetura "humanizam" o mundo, dando-lhe uma medida humana e significados culturais e humanos. A arquitetura transforma o mundo físico e sem alma em um lar do homem. Sabemos e nos lembramos quem somos e a que lugar pertencemos principalmente por meio de nossas cidades e edificações, nosso mundo construído, o microcosmo humano – o microcosmo humanizado pela arquitetura.

Referências

1 Rainer Maria Rilke, *Auguste Rodin*, Archipelago Books (New York), 2004, p. 57.
2 Ludwig Wittgenstein, *Culture and Value* (edited by Georg Henrik von Wright in collaboration with Heikki Nyman), Blackwell Publishing (Oxford), 1998, p. 24e.
3 Richard Lang, "The dwelling door: towards a phenomenology of transition", in David Seamon and Robert Mugerauer, *Dwelling, Place & Environment*, Columbia University Press (New York), 1989, p. 202. As ideias de Merleau-Ponty sobre a interação do campo, da bola e do jogador de futebol são expressadas em Merleau-Ponty, *The Structure of Behaviour*, Beacon Press (Boston, Massachusetts), 1963, p. 168.
4 Jorge Luis Borges, Epilogue for "The Maker", in *Jorge Luis Borges: Selected Poems* (edited by Alexander Coleman), Penguin (New York and London), 2000, p. 143.
5 Salman Rushdie, "Eikö mikään ole pyhää?" ["Isn't anything sacred?"], *Parnasso* (Helsinki), 1996, p. 8 (traduzido por Juhani Pallasmaa).
6 J.M. Coetzee, entrevista publicada em *Helsingin Sanomat*, verão de 1987. A fonte exata não foi identificada (tradução de Juhani Pallasmaa).
7 Umberto Eco, *Matka arkipäivän epätodellisuuteen [Travels in Hyperreality]*, Werner Söderström (Helsinki), 1985, p. 350 (traduzido por Juhani Pallasmaa).
8 Citado em Richard Kearney, "Maurice Merleau-Ponty", *Modern Movements in European Philosophy*, Manchester University Press (Manchester and New York), 1994, p. 82.
9 Juhana Blomstedt, *Muodon arvo [The Significance of Form]* (edited by Timo Valjakka), Painatuskeskus (Helsinki), 1995, páginas não numeradas (tradução de Juhani Pallasmaa).
10 Jean-Paul Sartre, *The Emotions: An Outline of a Theory*, Carol Publishing Co (New York), 1993, p. 9.
11 Maurice Merleau-Ponty, "Cézanne's doubt", *Sense and Non-Sense*, Northwestern University Press (Evanston, Illinois), 1964, p. 19.
12 Veja Capítulo 5, nota 21.

A arte cria imagens e emoções que são tão verdadeiras em termos experimentais quanto os encontros da vida.
Rebecca Horn, *O Quarto de Buster*, quadro de um filme da artista, 1990.

7

Emoção e Imaginação

"Este mesmo poder de síntese aponta para uma unidade primordial de sensação e entendimento resultante da imaginação anterior ao funcionamento de ambas as faculdades. O papel sintético da imaginação, um pressuposto de ambas as faculdades, é de fato tão primordial que ele opera inconscientemente, como se estivesse em nossas costas. Esta é uma consideração surpreendente, que talvez explique por que levou quase dois mil anos para que a filosofia ocidental reconhecesse sua existência [...]"

Richard Kearney[1]

A realidade da imaginação

A imaginação geralmente é associada especificamente à capacidade de criação, ou à esfera da arte, mas a faculdade de imaginação é o fundamento de nossa existência mental e nossa maneira de lidar com estímulos e informações. Pesquisas feitas por fisiólogos do cérebro e psicólogos têm mostrado que as imagens mentais são registradas nas mesmas zonas do cérebro que as percepções visuais, e que estas imagens possuem toda a autenticidade experimental daquelas percebidas por nossos próprios olhos.[2] Sem dúvida, os estímulos e as imaginações reais nas demais esferas sensoriais também estão bastante próximas entre si e, portanto, são igual e experimentalmente "reais". Esta afinidade ou similitude entre a experiência externa e a interna é, naturalmente, autoevidente a qualquer artista genuíno, sem que seja necessária qualquer evidência de pesquisas da psicologia.

A experiência, a memória e a imaginação são qualitativamente iguais em nossa consciência; podemos ser igualmente sensibilizados por algo evocado por nossa memória, imaginação ou experiência presente. A arte cria imagens e emoções que são tão verdadeiras como os encontros presentes de nossas vidas. Fundamentalmente, em uma obra de arte encontramos nós mesmos, nossas próprias emoções e nosso próprio "pertencer ao mundo" de uma maneira intensificada. Uma experiência genuína com a arte ou com a arquitetura é principalmente uma consciência reforçada de nossa identidade pessoal. Uma obra de arte ou edificação feita há milhares de anos ou produzida por uma cultura que nos é totalmente desconhecida nos sensibiliza porque encontramos a presença atemporal de um ser humano por meio da obra e, consequentemente, redescobrimos a atualidade de nosso próprio "pertencer ao mundo". Um dos paradoxos da arte e da arquitetura é que, embora todas as obras comoventes sejam únicas, elas refletem aquilo que é geral e compartilhado pela experiência existencial humana. Desta maneira, a arte é tautológica; ela continua repetindo a mesma expressão básica diversas vezes: como nos sentimos como seres humanos neste mundo.

Uma das obras de arquitetura mais tocantes e enigmáticas que já encontrei é, sem dúvida, o Jardim Ryoan-ji Zen, em Quioto. A riqueza, sutileza e poesia inexplicáveis desta obra de arte do paisagismo é o fato de que ela não apresenta qualquer argumento ou teoria; as 15 pedras distribuídas sobre uma superfície de areia alisada simplesmente existem e projetam uma ideia combinada de mistério e dignidade, imprecisão e abrangência.

A arte e a arquitetura nos oferecem identidades e situações de vida alternativas, e esta é sua grande tarefa mental. Grandes obras nos dão a possibilidade de experimentar nossa própria existência por meio da experiência existencial de alguns dos mais talentosos indivíduos da humanidade. Esta é a misericordiosa igualdade de toda a arte. Todo efeito ou impacto da arte é baseado na identificação da identidade própria como o objeto experienciado ou na projeção desta identidade sobre o objeto, como afirma Melanie Klein. Jorge Luis Borges aponta para o verdadeiro lar da experiência artística: "O sabor da maçã [...] se encontra no palato, não na própria fruta; de maneira similar [...] a poesia está no encontro entre o poema e o leitor, não nas linhas ou nos símbolos impressos nas páginas de um livro. O que é essencial é o ato estético, a vibração, a emoção quase física que advém de cada leitura".[3]

Experimentamos uma obra de arte ou arquitetura por meio de nossa existência corporificada e capacidade de projeção e identificação. Uma experiência com a arte ativa um modo primordial de experiência corporificada, indiferenciada e animista; a separação e polarização do sujeito e do objeto é temporariamente perdida e o mundo material é encontrado como se tivesse sua própria força vital. Tanto a beleza gloriosa como a feiura lamentável do objeto de representação artística são momentaneamente identificados com nossa própria experiência corpórea. Muitos de nós não conseguimos lamentar nossas perdas ou tragédias pessoais com a mesma intensidade que sofremos o destino das figuras fictícias da literatura, do teatro ou do cinema, que são destilados por meio da experiência existencial de um grande artista. A feiura na arquitetura ou a falsidade existencial podem nos fazer sentir a alienação e o empobrecimento do senso de identidade própria e, por fim, nos fazer adoecer mental e somaticamente.

O dom da imaginação

A unicidade da condição humana é esta: vivemos em mundos múltiplos de possibilidades criadas e sustentadas por nossas experiências, nossas lembranças e nossos sonhos. A habilidade de imaginar e sonhar acordado é, sem dúvida, a mais humana e fundamental de nossas capacidades mentais. Talvez, enfim, não sejamos humanos devido a nossas mãos ou à nossa inteligência, mas graças à nossa capacidade de imaginação. Sem dúvida, não usaríamos nossas mãos de modo significativo sem ter a capacidade de imaginar o resultado de nossas ações. Porém, o dilúvio de cenas não hierarquizadas ou insignificantes em nossa cultura atual de imagens – "uma chuva infinita de imagens", nas palavras de Italo Calvino[4] – arrasa nosso mundo da imaginação. Não resta espaço para a imaginação, uma vez que tudo que pode ser imaginado já está aqui. No prefácio de seu romance *Crash*, J. G. Ballard afirma: "O relacionamento entre a ficção e a realidade está sendo invertido de cabeça para baixo [...] estamos cada vez mais vivendo em um mundo de ficções, e é por isso que a tarefa do escritor não é inventar ficções. As ficções já estão aqui, assim, na verdade, a tarefa do escritor é inventar a realidade".[5] Da mesma maneira, sinto que a imaginação na arquitetura de hoje, assistida e incrementada pelo computador, está produzindo um excesso de ficções arquitetônicas, e que precisamos então projetar uma "arquitetura da realidade", parafraseando o título do livro de Michael Benedikt.[6] Já sentimos a falta de uma arquitetura que nos resgate as realidades concretas de nosso mundo físico e material. Este não é um saudosismo por um mundo perdido, mas um desejo de um mundo revitalizado e reerotizado por uma arquitetura que nos faça experimentar o mundo em vez de a si própria.

A inundação de imagens da televisão externaliza as imagens e as torna passivas quando comparadas com o imaginário interno e ativo evocado pela leitura de um livro. Há uma diferença radical entre olhar passivamente para imagens externas ou olhar para imagens criadas pela nossa própria imaginação. As imagens sem esforço do entretenimento imaginam por nós. O hipnotizante fluxo de imagens da indústria da consciência desvincula as imagens de seus contextos históricos, culturais e humanos e, portanto, "libera" o observador de investir suas emoções e atitudes éticas naquilo que é percebido. Entorpecidos pela comunicação em massa, já conseguimos assistir as mais revoltantes crueldades sem qualquer envolvimento emocional. O dilúvio de imagens que cresce e esmaga os sentidos e as emoções, suprime e embota a imaginação, a empatia e a compaixão.

À medida que nossa imaginação enfraquece, ficamos à mercê de um futuro incompreensível. Os ideais são projeções de uma imaginação otimista, e, consequentemente, a perda da imaginação também tende a arrasar o idealismo. Em minha opinião, a falta de horizontes, ideais e alternativas que existe até mesmo no pensamento político da atualidade é uma consequência do embotamento da imaginação política. O extremo senso de pragmatismo e a falta de visões estimulantes de hoje provavelmente sejam consequências de uma imaginação empobrecida. Uma cultura que perdeu sua imaginação apenas consegue produzir visões apocalípticas de ameaças, como projeções de seu inconsciente coletivo reprimido. Um mundo privado de alternativas imagináveis, devido à ausência da imaginação, é o mundo dos sujeitos manipulados de Aldous Huxley e George Orwell.

O dever da educação é cultivar e suportar as habilidades humanas de imaginação e empatia, mas os valores predominantes da cultura tendem a desencorajar a fantasia, suprimir os sentidos e petrificar os limites entre o mundo e a identidade pessoal. A ideia de treinamento sensorial atualmente é apenas relacionada com a educação artística formal, mas o refinamento do alfabetismo sensorial e do pensamento sensorial tem um valor insubstituível em todas as áreas da atividade humana.

A realidade da arte

A maneira pela qual a arte afeta nossa mente é um dos grandes mistérios da comunicação humana. O entendimento da essência e dos trabalhos mentais da arte tem se tornado confuso e indefinido pelo uso superficial das noções de "simbolismo" e "abstração", bem como pela obsessão com as novidades. Uma obra de arte ou arquitetura não é um símbolo que representa ou retrata de maneira indireta algo fora de si própria; ela é um objeto-imagem que se insere diretamente em nossa experiência existencial. A noção de simbolismo deveria ser vista de modo crítico e com suspeita no contexto da arte. Andrey Tarkovsky, por exemplo, um cineasta cujos filmes parecem estar saturados com significados simbólicos, nega de maneira veemente qualquer simbolismo em sua obra. Em seus filmes, os cômodos são inundados pela água, a água escorre pelos tetos e a chuva não para. Ainda assim, ele afirma: "Quando chove em meus filmes, simplesmente chove".[7]

"Quando chove em meus filmes, simplesmente chove."
Andrey Tarkovsky, *Nostalgia*, 1983. A casa encharcada de Domenico. Produção: Opera Film (Roma), para RAI TV Rret 2, em associação com Sovinfilm (União das Repúblicas Socialistas Soviéticas).

Sartre também critica a noção do simbolismo na representação artística. Em sua opinião, a arte cria coisas, e não símbolos: "Tintoretto não escolheu aquela fenda amarela no céu do Calvário para *representar* a angústia ou *provocá-la*", ele escreve. "Não é um céu de angústia ou um céu angustiado; é a angústia que se materializou, uma angústia que se transformou em uma faixa amarela de céu [...] Ela já não é *legível*".[8] De maneira similar, a escada do vestíbulo da Biblioteca Laurenciana (1524–59) e a Capela Medici (1505–34), de Michelangelo, com suas esculturas alegóricas, não são símbolos da melancolia, são edifícios que caíram em um estado de melancolia – ou, se quisermos ser mais precisos, conferimos a estes prédios nossa própria sensação de pesar metafísico.

Os prédios de Louis Kahn também não são símbolos metafísicos; eles são uma forma de meditação metafísica por meio da arquitetura que nos leva a reconhecer os limites de nossa própria existência e a deliberar sobre a essência da vida. Eles nos levam a experimentar nossa própria existência com uma intensidade única. De modo similar, as obras-primas do início do Modernismo não representam o otimismo e o amor pela vida por meio do simbolismo na arquitetura. Mesmo décadas após estes prédios terem sido concebidos, eles evocam e mantêm estas sensações positivas; eles despertam e trazem à tona a esperança de nossas almas. Os alegres prédios da Exibição de Estocolmo, projetados por Gunnar Asplund (1930), não podem ser considerados símbolos do otimismo, e o Sanatório de Paimio (1929–33), de Alvar Aalto, não é uma mera metáfora da cura; ainda hoje estas obras-primas nos oferecem uma promessa reconfortante de um futuro melhor.

Uma obra de arte pode, é claro, ter intenções e conteúdos simbólicos conscientes, mas eles são insignificantes para seu impacto artístico ou sua resistência temporal. Até mesmo a obra de arte mais simples, em termos de aparência externa, não é destituída de significados ou de relações com nosso mundo existencial e experimental. Uma obra de arte impressionante é sempre uma condensação de imagens que é capaz de mediar toda a experiência de "pertencer ao mundo" por meio de uma imagem singular. Porém, como Anton Ehrenzweig escreve, "A abstração científica difere de uma generalização vazia do mesmo modo que uma obra de arte abstrata poderosa se distingue de um ornamento sem sentido".[9] Nas palavras de Andrey Tarkovsky: "A imagem não é um significado certo, expressado pelo diretor; mas todo um mundo refletido em uma gota d'água".[10]

De maneira similar, o impacto mental da arquitetura não deriva de um jogo formal ou estético; ele surge de experiências de um senso autêntico da vida. A arquitetura não inventa significados; ela consegue nos comover apenas se for capaz de tocar algo que já estava profundamente arraigado em nossas memórias corporificadas.

Arte e emoção

A arquitetura como forma de arte media e evoca sentimentos e sensações existenciais. A arquitetura de nossos dias, contudo, tem normalizado as emoções e geralmente elimina completamente emoções extremas, como o pesar, a enorme alegria, a melancolia e o êxtase.

Os lugares e as ruas concebidos pela literatura, pela pintura e pelo cinema estão tão saturados com emoções quanto as casas e cidades reais construídas de pedra. As "cidades invisíveis" de Italo Calvino enriquecem a geografia urbana do mundo da mesma maneira que as cidades materiais construídas por meio do trabalho de milhares de mãos. Os cômodos sem graça e tristes de Edward Hopper ou o quarto miserável em Arles pintado por Vincent van Gogh são tão cheios de vida e nos afetam tanto quanto os cômodos "reais" em que vivemos. A "Zona", do filme *Stalker*, de Andrey Tarkovsky, que exala um ar inexplicável de ameaça e desastre, certamente é mais real em nossas experiências do que as edificações industriais verdadeiras e anônimas da Estônia, nas quais o filme foi filmado, pois a paisagem retratada por um diretor genial contém mais significados humanos poderosos do que seus originais da realidade física. O misterioso "Cômodo" procurado pelo "Leitor" e pelo "Cientista" sob a orientação de Stalker é finalmente revelado como um recinto absolutamente ordinário, mas a imaginação dos viajantes, bem como a do espectador do filme, transformou-o em um ponto central de significado metafísico. Este cômodo comum se tornou no "Ômega" de Teilhard de Chardin, "o ponto a partir do qual o mundo pode ser visto como um todo e de maneira correta".[11]

A experiência artística como uma troca

Ao experimentarmos a arte e a arquitetura, ocorre uma troca peculiar: eu projeto minhas emoções e associações na obra ou no espaço, e ela me confere sua aura que emancipa minhas percepções e meus pensamentos. Segundo Joseph Brodsky, um poema diz ao seu leitor: "Seja como eu".[12] O espaço imaginário sugerido pela obra se torna real e é incorporado ao meu mundo da vida experimental. Da maneira que experimento a tocante melancolia de Michelangelo, por exemplo, sou na verdade comovido pela minha própria sensação de melancolia, que é evocada e refletida pela obra de arquitetura. Empresto minha melancolia à escada da Biblioteca Laurenciana da mesma maneira que empresto a Raskolnikov minha sensação de espera frustrada, ao ler *Crime e Castigo*, de Dostoiévski. Esta identificação com a obra de arte e com a cena por ela representada, é tão poderosa que acho insuportável olhar para a pintura de Ticiano, *O Esfolamento de Mársias* (c. 1575), na qual o sátiro é esfolado vivo, para a vingança de Apolo, pois sinto como se minha própria pele estivesse sendo arrancada.

Uma obra de arquitetura não é experimentada como uma série de imagens isoladas na rotina; ela é tocada e vivenciada em sua essência material

A melancolia arquitetônica de um gigante das artes.
Michelangelo Buonarroti e Bartolomeo Ammannati, Biblioteca Laurenciana, Florença, Itália, 1925. Vista superior da escada.

total e integral, corporificada e espiritual. Uma obra profunda é sempre um mundo e um microcosmo completo. Ela oferece formas e superfícies agradáveis modeladas para o toque dos olhos, mas também incorpora e integra estruturas mentais e físicas, dando coerência realçada e importância à nossa experiência existencial de estarmos vivos. Uma grande edificação aprimora e articula nossa compreensão da gravidade e materialidade, horizontalidade e verticalidade, as dimensões superiores e inferiores, assim como os enigmas eternos da existência, da luz e do silêncio.

Referências

1 Richard Kearney, *The Wake of Imagination*, Routledge (London), 1994, p. 191.
2 Dr. Ilpo Kojo, "Mielikuvat ovat aivoille todellisia" ["Images are real to the brain"], *Helsingin Sanomat*, 16 May 1996 (traduzido por Juhani Pallasmaa). O grupo de pesquisadores trabalhando na Universidade de Harvard sob a supervisão do Dr. Stephen Kosslyn descobriu que as áreas do cérebro que participam na formação de imagens são as mesmas áreas nas quais os sinais nervosos dos olhos, que produzem as percepções visuais, são processados. A atividade nesta área do cérebro onde as imagens internas ocorrem é similar à que ocorre quando olhamos para imagens reais.
3 Jorge Luis Borges, *Selected Poems* 1929–1967, Penguin Books (London), 1985, citado em Sören Thurell, *The Shadow of a Thought – The Janus Concept in Architecture*, School of Architecture, The Royal Institute of Technology (Stockholm), 1989, p. 2.
4 Italo Calvino, *Six Memos for the Next Millennium*, Vintage Books (New York), 1993, p. 57.
5 Citado em Lars Fr. H. Svendsen, *Ikävystymisen filosofia [The Philosophy of Boredom]*, Tammi (Helsinki), 2005, p. 92 (traduzido por Juhani Pallasmaa).
6 Michael Benedikt, *For An Architecture of Reality*, Lumen Books (New York), 1987.
7 Andrey Tarkovsky, *Sculpting In Time – Reflections on the Cinema*, The Bodley Head (London), 1986, p. 110.
8 Jean-Paul Sartre, *What is Literature?*, Peter Smith (Gloucester, Massachusetts), 1978, p. 3.
9 Anton Ehrenzweig, *The Hidden Order of Art*, Paladin (St Albans, Hertfordshire), 1973, p. 146.
10 Tarkovsky, Sculpting in Time, op. cit., p. 110.
11 Citado em Juhana Blomstedt, *Muodon arvo [The Significance of Form]* (edited by Timo Valjakka), Painatuskeskus/ Kuvataideakatemia (Helsinki), 1995 (traduzido por Juhani Pallasmaa).
12 Joseph Brodsky, "An Immodest Proposal", *On Grief and Reason*, Farrar, Straus & Giroux (New York), 1997, p. 206.

Auguste Rodin, *A Catedral*, bronze, 65 × 30 × 30 cm, 1910.

8

Teoria e Vida

"Onde está a vida que perdemos ao viver?
Onde está a sabedoria que perdemos
com o conhecimento?
Onde está o conhecimento que perdemos
com as informações?"

T. S. Eliot[1]

Teoria e prática

Em seu ensaio "The sculptor speaks", Henri Moore – sem dúvida um dos maiores artistas do século XX – escreve sobre a relação entre o trabalho criativo e sua análise: "É um erro para o escultor ou pintor escrever ou falar com muita frequência sobre sua obra. Isso libera a tensão necessária para o seu trabalho. Ao tentar expressar seus objetivos com uma absoluta exatidão lógica, ele pode facilmente se transformar em um teórico cuja verdadeira obra é apenas uma exposição enjaulada de conceitos que evoluíram em termos de lógica e palavras".[2]

Esta passagem expressa a suspeita característica do artista quanto ao papel da verbalização, racionalização e teorização do trabalho artístico ou da análise intelectual das obras de arte. Todavia, o escultor de fato conecta os atos intuitivos e espontâneos da produção artística e da essência inconsciente e sintetizadora do ato criativo na capacidade analítica e racional do homem: "Porém, embora a parte não lógica, instintiva e subconsciente da mente deva desempenhar seu papel na obra do artista, ele também tem uma mente consciente, que não está inativa. O artista trabalha com uma concentração de toda sua personalidade e a parte consciente desta resolve os conflitos, organiza as memórias e evita que ele tente ir para duas direções ao mesmo tempo".[3]

Matisse compartilha com Moore esta suspeita quanto à explanação verbal da intenção artística em seu conselho bastante chocante aos jovens aspirantes a pintores: "Antes de tudo, você deve cortar fora sua língua, pois esta decisão lhe retira o direito de se expressar com qualquer outra coisa que não seja o seu pincel".[4]

Hoje parece haver uma confusão generalizada quanto ao papel da teoria no campo da arte, bem como no relacionamento entre a teoria da arte e a produção da arquitetura. Adotar uma posição teórica e fazer afirmações filosóficas explícitas e verbalizadas são frequentemente considerados pré-requisitos para uma arquitetura significativa. Como resultado, o ensino de arquitetura tende a ser dominado pela conceitualização e articulação

Henry Moore, *Obra para Ovelhas*, altura: 435 cm. Fotografia de Emily Peters.
A escultura está implantada em um pasto próximo ao estúdio onde Moore costumava trabalhar com seus modelos. O escultor fez *Obra para Ovelhas* como um presente para as ovelhas; o tamanho da escultura permite que os animais caminhem sob ela e se esfreguem em suas superfícies internas.

das intenções conscientes e a arquitetura vanguardista de hoje é muitas vezes um mero meio para projetar ideias intelectuais ou especulativas.

Eu, pessoalmente, não acredito na necessidade ou mesmo na possibilidade de uma teoria abrangente e prescritiva da arquitetura por meio da qual as soluções e os significados dos projetos poderiam ser gerados. Ao mesmo tempo, contudo, vejo papéis distintos para as análises conceituais, filosóficas e teóricas da arquitetura. E, o que é mais importante, os projetistas precisam estar suficientemente conscientes de suas aspirações e de seus métodos para "evitar que tentem caminhar em duas direções ao mesmo tempo", como aconselha o grande escultor.

A oposição entre a teoria e a prática

Talvez mais interessante do que a correlação entre teoria e arquitetura, seja a distância, a tensão e a interação dialética entre o ponto de partida teórico e uma exploração criativa. De maneira bastante surpreendente, Tadao Ando expressou o desejo de uma oposição similar entre a funcionalidade e a falta de utilidade: "Acredito em despojar a arquitetura da função após garantir a observação de uma base funcional. Em outras palavras, gosto de ver até que ponto a arquitetura pode seguir a função e então, depois que esta já foi alcançada, ver até que ponto a arquitetura pode ser despojada da função. O significado da arquitetura é encontrado na distância entre ela e a função".[5]

Em qualquer área da criatividade, o processo de desaprender é tão importante quanto o de aprender, esquecer é tão importante quanto lembrar, a incerteza é tão importante quanto a certeza. Gaston Bacherlard é um que escreve sobre o valor de esquecer o conhecimento: "O conhecimento deve [...] ser acompanhado da mesma capacidade de esquecê-lo. Não saber não é uma forma de ignorância, mas uma difícil transcendência do conhecimento. Este é o preço que deve ser pago para que uma obra de arte seja sempre uma espécie de início puro, o que a torna sua criação um exercício de liberdade".[6] O conhecimento se torna útil para um esforço criativo quando é esquecido após ter se transformado em um ingrediente do corpo e da personalidade de uma pessoa. O momento em que se analisa o mundo ou uma tarefa específica como se nenhum tivesse sido encontrado antes: *este* é o instante e o estado de espírito realmente criativo.

"O significado da arquitetura está na distância entre a arquitetura e a função."
Tadao Ando, Casa Koshino, Ashiya, Hyogo, Japão, 1979–81, ampliação em 1988–94. Fotografia de Yoshio Takase.

No ato de criação artística, uma consciência teórica ou intelectual deve ser suprimida ou mesmo totalmente esquecida. Sendo mais precisos, podemos dizer que somente o conhecimento incorporado divorciado da atenção parece ser útil no trabalho criativo. Jorge Luis Borges faz um comentário provocador sobre sua própria forma habitual de trabalhar: "Quando escrevo algo, tento não entendê-lo. Não creio que a inteligência tenha muito a ver com o trabalho de um escritor. Acredito que um dos pecados da literatura moderna é ser autoconsciente demais".[7] Até mesmo no simples ato de andar de bicicleta, o conhecimento teórico de como o veículo é mantido de pé é suprimido durante a execução inconsciente do ato, com a memória corporal; se você tentar pensar naquilo que realmente está ocorrendo em tese e de fato – o equilíbrio dinâmico e complexo do ato de andar de bicicleta –, correrá o risco iminente de cair. Moshé Feldenkrais conclui:

> A execução de uma ação de maneira alguma prova que sabemos, mesmo superficialmente, o que estamos fazendo ou como estamos fazendo. Se tentarmos executar um ato de modo consciente – ou seja, acompanhá-lo detalhadamente –, logo descobriremos que até mesmo as ações mais simples e mais comuns, como nos levantar de uma cadeira, são um mistério e que não fazemos a mínima ideia de como elas são feitas.[8]

O poeta, escultor ou arquiteto trabalha por meio de todo o seu ser físico e mental, e não principalmente por meio do intelecto, da teoria ou de habilidades profissionais adquiridas. De fato, o que já foi aprendido deve ser esquecido, para que seja útil. "Na minha obra, as coisas que sabia antes de começar um novo projeto de arte nunca me serviram para nada", o grande escultor basco Eduardo Chillida me disse uma vez, durante uma conversa.[9]

Esta simultaneidade paradoxal de esquecer e saber, aprender e desaprender, é concebível quando entendemos a natureza inconsciente e colaborativa fundamental de qualquer esforço artístico ou criativo. O verdadeiro artista ou criador colabora com a tradição silenciosa de seu ofício e emprega o conhecimento tácito acumulado ao longo de sua história.

O trabalho do artista está sempre fadado a ser uma colaboração simultânea em diversos níveis. Como John Dewey afirma em seu livro pioneiro, *Art as Experience* (1934),[10] a dimensão artística surge do encontro da arte com seu leitor ou observador. A experiência da arte é um esforço de colaboração entre o escritor e o leitor, o pintor e o observador, o arquiteto e o usuário. Como afirma Sartre: "É o esforço conjunto do autor com o leitor que resulta naquele objeto concreto e imaginário que é a obra da mente. Não há arte, exceto naquela feita pelos outros e para os outros".[11]

"A grande poesia só é possível se há grandes leitores", afirma com razão Walt Whitman.[12] Também é evidente que boas edificações requerem bons moradores ou usuários; porém, nós, cidadãos deste mundo obsessivamente consumista e materialista, não estamos perdendo nossa capacidade de habitar e, como consequência, nos tornando incapazes de promover a arquitetura como grandes leitores ou usuários de espaços arquitetônicos e narrativas? Ludwig Wittgenstein sugere, em uma de suas notas, que isso realmente possa estar acontecendo: "A arquitetura imortaliza e glorifica alguma coisa. Portanto, não há como haver arquitetura quando não há nada para glorificar".[13] Será que não perdemos as dimensões de nossa cultura e nossas vidas pessoais que poderiam valer a glorificação? Não perdemos a dimensão dos ideais em nosso mundo obsessivamente materialista? O pensamento arquitetônico surge com determinadas condições, mas ele sempre aspira a um ideal. Portanto, a perda da dimensão da vida implica no desaparecimento da arquitetura.

As obras de arquitetura raramente são construídas pelo arquiteto sozinho; os prédios surgem do esforço de colaboração de dezenas e muitas vezes milhares de indivíduos, especialistas, construtores, artesãos, engenheiros e inventores. Mas a arquitetura também é colaboração em outro sentido, talvez ainda mais básico. Prédios significativos surgem da tradição e constituem e continuam uma tradição. Em seu livro *A Arte do Romance*, Milan Kundera escreve sobre "a sabedoria do romance";[14] ele afirma que todos os grandes escritores ouvem esta sabedoria e, como consequência, todos os grandes romances são mais sábios que seus escritores. Sem dúvida, também há uma "sabedoria da arquitetura", e todos os arquitetos profundos ouvem esta sabedoria em suas obras. Nenhum arquiteto digno de seu metiê trabalha sozinho; ele trabalha com toda a história da arquitetura "em seus ossos",[15] como T. S. Eliot escreve ao falar sobre o autor consciente da tradição. A grande dádiva da tradição é que podemos escolher nossos colaboradores; podemos colaborar com Brunelleschi e Michelangelo se formos suficientemente sábios para isso.

Em seu primeiro livro, Vitrúvio enfatiza a importância de desenvolver habilidades manuais junto com fundamentos teóricos: "Assim, arquitetos que sem cultura buscam desenvolver habilidades manuais não têm como adquirir o prestígio correspondente a seus trabalhos, enquanto aqueles que confiam na teoria e na bibliografia obviamente seguem uma sombra, e não a realidade. Porém, aqueles que dominam ambos, como homens armados com uma armadura completa, logo se tornam influentes e alcançam seus propósitos".[16]

Penso que a disciplina da arquitetura deve estar embasada em uma tríade de análise conceitual, execução de arquitetura e experiência – ou encontro – em todo seu escopo mental, sensorial e emocional. O ponto que desejo enfatizar é que um encontro emocional com a arquitetura é indispensável tanto para a criação de uma arquitetura significativa como para sua apreciação e entendimento. A prática de projeto que não está embasada na complexidade e na sutileza da experiência definha em um profissionalismo destituído de conteúdo poético e é incapaz de tocar a

As obras profundas do Modernismo são imagens de uma realidade viva e de um novo estilo de vida emancipado. A arquitetura não é um mero objeto estético, e sim um palco e uma formadora da vida.
Le Corbusier, *Jardin suspendu*, projeto, 1928–9.

alma humana, enquanto uma pesquisa teórica que não é fertilizada por um encontro pessoal com a poética da construção está fadada a permanecer alienada e especulativa – e pode, na melhor das hipóteses, apenas elaborar relações racionais entre os elementos aparentes da arquitetura. Porém, não há "elementos" nos fenômenos artísticos, uma vez que as partes precisam do todo para seu entendimento total.

A arquitetura como imagem da vida

A arquitetura oferece nossos mais importantes ícones existenciais, por meio dos quais podemos compreender nossa cultura e nós mesmos. As obras importantes do Modernismo são imagens de uma realidade viva e de um novo estilo de vida emancipado; as obras importantes de nossos dias frequentemente são meras fotografias autorreferenciais da própria arquitetura. As obras famosas de nossos dias frequentemente lidam mais com questões filosóficas de representação do que com conteúdos mentais; elas são discursos dentro da própria disciplina, sem refletir a vida real.

Eu seria a última pessoa a questionar a validade da erudição e das investigações teóricas, mas quero promover investigações feitas com os sentidos da percepção e com um coração receptivo e empático. A arquitetura é uma forma de arte dos olhos, das mãos, da cabeça e do coração. A prática exige os olhos, no sentido que ela requer observações precisas e atentas. Ela exige as habilidades das mãos, que devem ser entendidas como um instrumento ativo do processamento de ideias no sentido heideggeriano. Como a arquitetura é uma arte de construção e criação física, seus processos e suas origens são ingredientes essenciais de sua própria expressão. O arquiteto precisa de sua cabeça para pensar claramente – grandes obras de arquitetura jamais surgem de pensamentos confusos. Contudo, a arquitetura exige uma categoria especial de pensamento, um pensamento corporificado por meio da própria arquitetura. Por fim, o arquiteto precisa de seu coração para imaginar as situações da vida real e sentir compaixão pelo destino humano. Em minha opinião, o dom do coração é o mais subestimado como pré-requisito para a arquitetura de nossos dias de autocentrismo e falsa autoconfiança.

A função da arte

Como a cultura atual do consumo, da mídia e da informação cada vez mais manipula a mente humana por meio de ambientes temáticos, condicionamentos comerciais e formas de entretenimento entorpecentes, a arte tem a missão de defender a autonomia da experiência individual e oferecer uma base existencial para a condição humana. Uma das principais tarefas da arquitetura é salvaguardar a autenticidade e independência da experiência humana.

De maneira geral, os contextos de nossas vidas estão se tornando irresistivelmente obras *kitsch* produzidas em massa e comercializadas universalmente. Acho que seria um idealismo sem fundamento acreditar que o curso de nossa cultura materialista possa ser alterado no futuro previsível. Porém, exatamente em função desta visão pessimista do futuro das culturas tecnologicamente avançadas, a função ética da arquitetura e da arte é tão importante. Em um mundo onde em determinado momento tudo se torna similar, insignificante e sem consequência, a arquitetura e a arte têm de manter diferenças de significado e, em particular, os critérios de experiências sensoriais e da qualidade existencial. Ainda é responsabilidade do artista e do arquiteto defender o enigma da vida e o erotismo do mundo em que vivemos.

"Somente se os poetas e escritores assumirem as tarefas que ninguém mais imagina, a literatura continuará a ter uma função", afirma Italo Calvino. "O grande desafio da literatura é ser capaz de entrelaçar os vários ramos do conhecimento, os vários "códigos" em uma visão de mundo múltipla e multifacetada".[17] A confiança no futuro da arquitetura deve, em minha opinião, estar baseada exatamente no conhecimento de sua função específica; os arquitetos devem conferir a si próprios tarefas que ninguém mais consegue imaginar. Os significados existenciais de ocupar o espaço somente têm como ser articulados pela arte da arquitetura. Assim, a arquitetura continua tendo uma grande função humana de mediar o mundo e nós próprios e de oferecer um horizonte para o entendimento da condição existencial humana.

"Minha confiança no futuro da literatura consiste no conhecimento de que há coisas que apenas a literatura pode nos dar, por meios específicos a ela"[18], escreve Italo Calvino em *Seis Propostas Para o Próximo Milênio*; e ele continua (em outro capítulo):

> Em uma era na qual a mídia fantasticamente rápida e onipresente está triunfando e trazendo o risco de arrasar toda a comunicação em uma única superfície homogênea, a função da literatura é comunicar entre coisas que são diferentes simplesmente porque são diferentes, não reduzindo, e sim realçando as diferenças entre elas, seguindo a verdadeira vocação da linguagem escrita.[19]

Andy Goldsworthy, *Flores de dente-de-leão fixadas com espinhos aos ramos de epilóbios batidos pelo vento e formando um círculo*. Parque de Esculturas de Yorkshire, West Bretton, Inglaterra, 1º de maio de 1987.

Em minha opinião, a função da arquitetura é manter a diferenciação e a articulação hierárquica e qualitativa do espaço existencial. Em vez de participar do processo de acelerar ainda mais a experiência do mundo, a arquitetura deve diminuir a velocidade da experiência, parar o tempo e defender a vagarosidade natural e a diversidade de experiências. A arquitetura deve nos defender da exposição, do ruído e da comunicação excessivos. Enfim, a função da arquitetura é manter e defender o silêncio.

A arte geralmente é vista como um meio de reflexão da realidade por meio do objeto artístico. A arte de nossa época, de maneira instigante, muitas vezes reflete experiências de alienação e angústia, violência e desumanidade. Acredito que a mera reflexão e representação da realidade prevalecente não seja uma missão suficiente para a arte. A arte não deveria aumentar ou reforçar a miséria humana, e sim aliviá-la. O dever da arquitetura e da arte é investigar ideais e novos modos de percepção e experiência, e, assim, abrir e alargar os limites do mundo em que vivemos.

Referências

1 T. S. Eliot, Choruses from "The Rock" (1934), in *The Complete Poems and Plays*, Faber & Faber (London), 1987, p. 147.
2 Henry Moore, "The sculptor speaks", in Philip James (ed.), *Henry Moore On Sculpture*, Macdonald (London), 1966, p. 62.
3 *Ibid.*
4 Alfred H. Barr, *Matisse: His Art and His Public*, 1951, citado em Jack D. Flam (ed.), Matisse On Art, EP Dutton (New York), 1978, p. 9.
5 Tadao Ando, "The emotionally made architectural spaces of Tadao Ando" (1980), citado em Kenneth Frampton, "The work of Tadao Ando", *GA Architect 8: Tadao Ando*, ADA Edita (Tokyo), 1987, p. 11.
6 Gaston Bachelard, "Introduction", *The Poetics of Space*, Beacon Press (Boston, Massachusetts), 1969, p. XXIX.
7 Jorge Luis Borges, *This Craft of Verse*, Harvard University Press (Cambridge, Massachusetts and London), 2000, p. 118.
8 Moshé Feldenkrais, *Awareness Through Movement*, Harper & Row (New York), 1977, p. 46, citado em Frank R. Wilson, *The Hand: How Its Use Shapes the Brain, Language, and Human Culture*, Pantheon Books (New York), 1998, p. 242.
9 Conversa tida em um jantar privativo entre Chillida e o autor em Helsinque em 1987.
10 John Dewey, *Art As Experience*, Perigee Books (New York), 1980.
11 Jean-Paul Sartre, "What is literature?", *Basic Writings* (edited by Stephen Priest), Routledge (London and New York), 2001, p. 264.
12 Citado em Joseph Brodsky, *Less Than One*, Farrar, Straus & Giroux (New York), 1997, p. 179.
13 Ludwig Wittgenstein, *Culture and Value* (edited by Georg Henrik von Wright in collaboration with Heikki Nyman), Blackwell Publishing (Oxford), 1998, p. 74e.
14 Milan Kundera, *Romaanin taide [The Art of the Novel]*, Werner Söderström (Helsinki), 1986, p. 165 (traduzido por Juhani Pallasmaa).
15 T. S. Eliot, "Tradition and the Individual Talent", *Selected Essays*, Faber & Faber (London), 1948, p. 14–15. "O senso histórico envolve a percepção não apenas do aspecto passado do passado, mas também de sua presença. O senso histórico compele um homem a escrever, não apenas com sua própria geração em seus ossos, mas com uma sensação de que toda a literatura [...] tem uma existência simultânea e compõe uma ordem simultânea."
16 Frank Granger, *Vitruvius on Architecture*, William Heinemann (London) and Harvard University Press (Cambridge, Massachusetts), 1955, p. 7.
17 Italo Calvino, *Six Memos for the Next Millennium*, Vintage Books (New York), 1993, p. 112.
18 *Ibid.*
19 *Ibid.*, p. 45.

Capítulo 8 Teoria e Vida 155

Shirin Neshat, *Vínculo*, fotografia revestida com resina e tinta, 86,4 × 130,8 cm, 1995. Edição de 10 + 1 AP. Fotografia de Kyong Park.

Crédito das Fotografias

O autor e a editora agradecem publicamente às pessoas que deram a permissão para a reprodução de seus materiais incluídos neste livro. Ainda que tenham sido feitos todos os esforços possíveis para contatar os detentores dos direitos autorais e solicitar suas permissões para a reimpressão de materiais, a editora original ficará grata por ser contatada por qualquer detentor de direitos autoriais não mencionados e cuidará para retificar qualquer erro ou omissão nas edições futuras desta obra.

Capa: Cortesia de the Bridgeman Art Library © DACS 2008; p. 10 © Matteo Zambelli; p. 15 © Gjon Mili/Getty Images; p. 17 © Álvaro Siza Office; p. 19 © Ralph Morse/Getty Images; p. 19 © John Swope Collection/CORBIS; p. 26 © British Museum, Londres, Reino Unido/ The Bridgeman Art Library; p. 28 © Michel Boutefeu/Getty Images; p. 29 © Michel Tcherevkoff; p. 30 © Hélène ADANT/RAPHO/Eyedea; p. 32 © Photo Scala, Florença/Musee d'Orsay, Paris; p. 33 © Harold & Esther Edgerton Foundation, 2009 cortesia de Palm Press, Inc; p. 34 de Werner Spalteholz, *Hand Atlas of Human Anatomy*, 1923); p. 36 © The Art Archive/CORBIS; p. 37 © Rick Gayle/CORBIS; p. 38 © The Gallery Collection/CORBIS; p. 40 © gta archives/ETH Zurique: doação testamentária de Sigfried Giedion; p. 42, 151 © FLC/ADAGP, Paris e DACS, Londres 2008; p. 43 © Coleção Privada, The Stapleton Collection/The Bridgeman Art Library; p. 44, 155 © Cortesia do artista e da Gladstone Gallery; p. 46 © Coleção Privada/The Bridgeman Art Library; p. 48, 58, 59, 61, 66, 78, 79 © Rauno Träskelin; p. 50 © Fotografia de Martti Ounamo. Cortesia de Design Museum, Helsinque; p. 51 Fotografia de Nakamato Noritoyo (Fonte: Japan Design: The Four Seasons in Design, editada por Tanaka Ikko e Koike Kazuko. Chronicle Books, San Francisco, 1984); p. 53 © helley D Spray/CORBIS; p. 54 © Henri Cartier-Bresson/Magnum Photos; p. 55 © DIGITAL IMAGE 2008. The Museum of Modern Art, Nova York/Scala, Florença; p. 57 © Coleção de Tapio Wirkkala Rut Bryk Foundation, fotografia de Pirjo Honkasalo; p. 60 © Coleção de Tapio Wirkkala Rut Bryk Foundation, fotografia de Matti Ounamo; p. 61(t) Cortesia de Kroller Muller Museum; (b) © Balthazar Korab Photography Ltd; p. 62, 75 © Museum of Finnish Architecture/fotografias de Heikki Havas; p. 64 © Dominic Roberts; p. 68 © MacKay-Lyons Sweetapple Architects, fotografia de Kara Pegg; p. 69 © Renzo Piano Building Workshop; p. 70 © Renzo Piano Building Workshop, fotografia de Fregoso & Basalto; p. 72, 76 © Alvar Aalto Museum; p. 74 © David Pye/Crafts Council; p. 77 © Alvar Aalto Museum, fotografia de Gustaf Welin; p. 80 © Institut Amatller d'Art Hispànic. Arxiu Mas; p. 82 © Mark West; p. 85 © Pushkin Museum, Moscou, Rússia/Giraudon/The Bridgeman Art Library; p. 87 © The Iveagh Bequest, Kenwood House, Londres, Reino Unido/The Bridgeman Art Library; p. 88 © Musee Marmottan, Paris, France/Giraudon/The Bridgeman Art Library; p. 90 © M.C. Escher, *Mãos Desenhando*. © 2008 The M.C. Escher Company-Holland. Todos os direitos reservados. www.mcescher.com; p. 93 © Photo Scala, Florença/HIP/Oxford Science Archive; p. 95 © Musee des Beaux-Arts, Tournai, Bélgica/Giraudon/The Bridgeman Art Library; p. 96 © Severi Blomstedt; p. 100 © Museum of Finnish Architecture/fotógrafo Jussi Tiainen; p. 104, 117 © Ezra Stoller/ESTO; p. 106, 108 © Juhani Pallasmaa; p. 110 © From Anton Ehrenzweig, *The Hidden Order of Art*, Paladin (St Albans, Hertfordshire), 1973; p. 111 © Juhana Blomstedt; p. 112 © Philip Tidwell; p. 126 © Tay Rees/Getty Images; p. 131 © Moderna Museet, Estocolmo; p. 134 © DACS 2008; p. 139 © Andrey A. Tarkovsky; p. 142 © 1992. Photo Scala, Florença. Cortesia do Ministero Beni e Att. Culturali; p. 144 © fotografia de 2008. The Philadelphia Museum of Art/Art Resource/Scala, Florença; p. 146 © Reproduzida sob permissão da Henry Moore Foundation; p. 148 © Tadao Ando, Casa Koshino, 1981; p. 153 © Andy Goldsworthy

Índice

Os números em *itálico* indicam as figuras.

A

Aalto, Alvar 62-63, 65-66, *72*, 75-80, *76-79*, *100*, 101-102
   "Casa Experimental, Muuratsalo" 78-80, *78*
   Sanatório de Paimio (1929–1933) 140-141
aborígenes australianos 45-46
abstração 138-139
Ammannati, Bartolomeo *142*
anatomia biomecânica 32
anatomia fisiológica e funcional 33
anatomia superficial 32
Anaxágoras 34-35
Ando, Tadao 147-148, *148*
aperto de mãos 32, 41-42
aprendizado mimético 14-16
Aristóteles 34-35
Arnaud, Noel 13-14
Arnhem: Pavilhão de Esculturas Sonsbeek *61*
arquitetura
   como imagem da vida 151-153
   como trabalho artesanal 66-70
arte
   emoção e 140-143
   lúdica 73-81
   realidade da arte 138-141
artes dramáticas 45-46
artesão, suas mãos 52-62
Ashiya, Hyogo, Japão: Casa Koshino *148*
Asplund, Gunnar
   Exibição de Estocolmo (1930) 140-141
australopitecíneos ("primatas do sul") 34-35

B

Bachelard, Gaston 16-18, 21-22, 147-148
Ballard, J.G.
   Crash 137-138
Balzac, Honoré de 27, 82-83
Barcelona: Colônia Güell, igreja da *80*
Beatles, The
   "Lucy in the sky with diamonds" 36-37

beleza 12-14
Bell, Sir Charles 32
Belot, Jean
   Oeuvres 43-44
bênção 41-42
Benedikt, Michael 137-138
Benjamin, Walter 106
Berenson, Bernard 104-106
Berger, John 93-97
   Berger on Drawing 55-57
Bernard 87-88
Biblioteca Laurenciana, Florence *142*
Biblioteca Laurenciana 139-140
Biblioteca Municipal de Viipuri 76, *76-77*
Björkhagen: Igreja de São Marcos 63-64, *64*
Blomstedt, Aulis 96, 97-98, 116-117
Blomstedt, Juhana *111*, 130-132
Bloomer, Kent C.
   Body, Memory and Architecture (e Charles W. Moore) 102-103
Borges, Jorge Luis 128-129, 136-137, 147-148
   This Craft of Verse 54-55
Boyle, Marjorie O'Rourke 34-35
Brancusi, Constantin 57-58, 82-83, *87*
   Escultura para os Cegos 96-97
   Sócrates 85-86
Brodsky, Joseph 80-83, *113*, 141-143
Bronowski, Jacob
   A Escalada do Homem 38-39
Bruce, H.M. 14-15
Brunelleschi, Filippo 67-68, 150-151
Budismo 41-42
Bulwer, John
   Chirologia, Naturall Language of Hand 46
   Chironomia 44

C

CAD 59-62, 97-103
Cain 31
Caio Múcio Cévola 31
Calvino, Italo 137-138, 141-143, 152-153
   Seis Propostas para o Próximo Milênio 152-153
Capela Medici, Florença 139-140

Cartier-Bresson, Henri
   Alberto Giacometi na rue d'Alésta 54-55
Casa da Cascata, Casa Edgar J. Kaufmann, Mill Run, Pensilvânia *117*, 117-118
Casa da Cultura, Helsinque *63*
Casa Edgar J. Kaufmann, Mill Run, Pensilvânia *117*, 117-118
Casa Koshino, Ashiya, Hyogo, Japão *148*
Casey, Edward S. 120-121
Castelo Sforzesco, Milão 31
Caverna Gargas, França 40-41
Centro de Arte Britânica Yale, New Haven, Connecticut 106
Centro J.M. Tjibaou, Nouméa, Nova Caledônia 69
cérebro
   circuitos 36-38
   desenvolvimento 39-40
   evolução 36-37
   humano 34-35
Cézanne, Paul 83-84, 87, *132*
   Mont Sainte-Victoire 84-85
Chardin, Teihard de
   "Omega" 141-143
Chauvet Cave *56*
Chekhov, Anton 54-55
Chillida, Eduardo *149*
cinema 16-18, 115-116
circuito do desenho ou projeto 69, *69*
cirurgião 52-53, *53*
Coetzee, J.M. 129-130
Collins, Billy *113*
Colônia Güell, igreja, Barcelona *80*
conhecimento existencial 13-16, 19-22, 38-39, 121-124
conhecimentos operacionais e instrumentais 122-123
consciência 13-15
consciência humana, surgimento 39-40
contato com as mãos 41-42
coordenação entre olhos e mãos nos seres humanos 34-35
corpo como terreno 127-129
corporificação 13-19
Cristo
   as mãos de Cristo 31
   como a Mão Direita 41-42

Cubismo 103-104
cultura semita 41-42
Cuvier, Georges Léopold 92

D

Da Vinci, Leonardo 114-115
dedos, significados culturais 41-43
dentista 52-53
desenho 52-53, 58-63
 e identidade própria 91-93
 tatilidade 93-98
desenvolvimento da linguagem 36-40
Deus, as mãos de Deus 31
Dewey, John
 Art as Experience 149
Dichter, Misha 80-81
Doczi, György 115-116
Dostoiévski, Fiódor
 Crime e Castigo 141-143
dualidade corpo-mente 11-14

E

Eco, Umberto
 O Nome da Rosa 129-130
Edgerton, Harold E.
 Jogador de Tênis 33
educação artística 21-23
Ehrenzweig, Anton 80-81, 98-100, 140-141
 The Hidden Order of Art 98-99, 110
 The Psycho-Analysis of Artistic Vision and Hearin, 98-99
Einstein, Albert 16-18, *19*, 121-122
Eliot, T.S. 145-146, 150-151
Elkins, James 85-86
emoção e arte 140-143
empunhadura de força *37*
empunhadura de precisão *37*
Escher, M.C.
 Mãos Desenhando 90
escrita automática 77
escritórios de arquitetura que projetam e constroem 67-69
escultura 19-20, 56-59, *59-60*
espaço existencial na arte 130-132
essências múltiplas das mãos 27-31
estímulos que realçam a vida 104-106
evolução das mãos 34-37
experiência artística como uma troca 141-142
experimentação 73-81

F

fábricas de Murano, Veneza 65-66
Feldenkrais, Moshé 148
ferramentas 36-38, *36-37*, 49-53, *50-51*
ferramentas de carpintaria japonesas *51*
ferramentas de pedra *51*
ferreiro 52-53
Florença
 Capela Medici 139-140
 Santa Maria del Fiore 67-68
Fort Worth, Texas: Museu de Arte Kimbell 105-106
função da arte 152-154
Funcionalismo 77
fusão criativa 109-111

G

Gass, William H. 109
Gaudi, Antoni *80*, 80-81
gestos com as mãos 42-46
Ghost International Architectural Laboratory, Nova Escócia 68-69, *68*
Giacometti, Alberto 55-56
 Mulher de Pé 55-56
Goethe, Johann Wolfgang W. von 85-86, 104-105
Goldsworthy, Andy
 Flores de dente-de-leão fixadas com espinhos aos ramos de epilóbios batidos pelo vento e formando um círculo 153-154
Graves, Claire W. 11-12

H

habilidaddes 80-84
Hadamard, Jacques 16-18, 98-99
Heidegger, Martin 16-18, 49, 123-124
 "What calls for thinking?" 118-119
Helsinque: Casa da Cultura *63*
heráldica, Renascimento 41-42
heráldica renascentista 41-42
hieróglifos 42-43
Holl, Steven 22-23
homem de Cro-Magnon 38-39
homem de Neandertal 38-39
Homo sapiens 36-37
Horn, Rebecca
 O Quarto de Buster 134
Huxley, Aldous 138-139

I

iconografia cristã 41-42
Igreja das Três Cruzes, Vuoksenniska, Imatra, Finlândia 72, 100-102
Igreja de Kaleva, Tampere, Finlândia *75*
Igreja de São Marcos de Björkhagen 63-64, *64*
Igreja de São Pedro de Klippan 63-64
Iliescu, Sanda 96-97
imagem pessoal, tatilidade 102-104
imaginação
 capacidade de 16-18
 dom da 137-139
 realidade da 135-138
impressões digitais 29-30, 33
índios algonquianos 45-46
Instituto Salk, La Jolla, Califórnia 105-106
instrumentos musicais 50, 52-53
introjeção 14-16
Islamismo 41-42

J

James, William 98-99
jardim Ryoan-ji Zen, Quioto 136-137
Jarrell, Randall 84-85
Jay, Martin 102-103
Jaynes, Julian 39-40
Johnson, Mark
 Body in the Mind, The 120-121
 Metaphors We Live By (e George Lakoff) 39-40
 Philosophy in the Flesh (e George Lakoff) 14-16, 120-121
Joy, Rick 67-68
Judas 41-42
juramento 41-42

K

Kahn, Louis *104*, 105-106, 117-119, 140-141
Kant, Immanuel 27
Kärtner Bar, Vienna 38-39
Kearney, Richard 135
Klein, Melanie 136-137
Klippan: Igreja de São Pedro 63-64
Krupa, Gene *15*
Kundera, Milan
 A Arte do Romance 150-151

L

Lakoff, George
  Metaphors We Live By (e Mark Johnson) 39-40
  Philosophy in the Flesh (e Mark Johnson) 14-16, 120-121
Lang, Richard 128-129
lápis 52-53
lavagem das mãos 41-42
Le Corbusier 28-30
  A Mão Aberta 42-43
  projeto *jardin suspendu* 151
Leppänen, Kaarlo 101-102
Levitin, Daniel 80-81
Lewerentz, Sigurd 63-64, *64*, 117-118
liberdade 114-117
linguagem dos sinais 45-46
linguagens das mãos 45-46
literatura 19-20
Loos, Adolf 38-39
Louis, Morris 97-98

M

maçaneta ou puxador da porta *106*, 106
Mackay-Lyons, Bryan 68-69, *68*
Malevich, Kasimir 31
Mão de Fátima 41-42
mão de uma criança *29*
mão direita 41-42
mão esquerda 41-42
mão quiromante 42-43, *43*
Maoris 45-46
mãos cobertas 41-42
mãos com os dedos entrelaçados 41-42
mãos erguidas 41-42
mãos informatizadas 97-103
maquetes, construção 58-61, *60-61*
maquetes eletrônicas 59-62
maquetes para testes de acústica 60-61, *61*
marcas nas cavernas, com as mãos 40-41
Marceau, Marcel *28*
Marcel, Gabriel 13-14
Marden, Brice 97-98
Marquard, Odo 82-83
martelo 52-53
materia prima 85-86
Matisse, Henri 28, *30*, 73, 91, 94-95, 146
médico 52-53

memória corporificada e pensamento 118-122
mente e mãos 43-44
Merleau-Ponty, Maurice 87, 102-103, 118-119, 128-132
metáforas 39-40
método do raciocínio sequencial 77
Michaelius, Jonas 45-46
Michelangelo Buonarroti 139-140, *142*, 150-151
  Piedade de Rondanini 31
microcirurgião 52-53
Milão: Castelo Sforzesco 31
Mili, Gjon *14-15*
Mill Run, Pensilvânia: Casa da Cascata ou Casa Edgar J. Kaufmann *117*, 117-118
mímica 28
mobilidade do polegar *34*
Mockbee, Sam
  Rural Studio, Alabama 67-68
Modernismo 151-152, *151*
Monet, Claude 85-86
  O Caminho com as Pérgolas de Roseiras, Giverny 87-88
Montagu, Ashley 102-103
Moore, Charles W.
  Body, Memory and Architecture (e Kent C. Bloomer) 102-103
Moore, Henry 19, *20*, 61-62, 145-146
  Obra para Ovelhas 146
mudras 41-43
mundo
  e a identidade pessoal 128-131
  e a mente 130-132
Murcutt, Glenn 51
Museu de Arte Kimbell, Fort Worth, Texas 105-106
música 115-116

N

narcisismo 129-130
Neshat, Shirin *44*
  Vínculo 155
Nietzsche, Friedrich 118-119
Nouméa, Nova Caledônia: Centro J. M. Tjibaou 69
Nova Linguagem dos Sinais 45-46

O

oposição entre o polegar e os dedos 36-37
Oppenheimer, Meret
  Minha Enfermeira 130-131

oração 41-42
Ors, Eugenio d' 115-116
Orwell, George 138-139

P

Paget, Sir Richard 45-46
Paixão de Cristo 41-42
palmas das mãos 42-43
Papa, mãos do 31
Parker, A.S. 14-15
Pavilhão de Esculturas Sonsbeek, Arnhem *61*
Pelli, Cesar *61*
pensamento cinemático 116-117
"pertencer ao mundo" 136-137
Piano, Renzo 68-69, *69*, 70, 78
Pietilä, Raili *75*
Pietilä, Reima 74-75, *75*
Pilatos, Pôncio 31, 41-42
pinturas rupestres 38-40, *38*, 40-41, *40*, *56*
pinturas táteis 58-59
Plotkin, Henry 118-119
poesia 113, 117-118
Pollock, Jackson 97-98
Pound, Ezra 82-83
  ABC of Reading 117-118
povos indígenas norte-americanos 45-46
Prefeitura de Säynätsalo 62-63
Primeira Pessoa da Santíssima Trindade 41-42
projeto assistido por computador (CAD) 59-62, 97-103
Proust, Marcel 31
  Em Busca do Tempo Perdido 103-104
pulga, desenho *93*
punho 41-42
Pye, David 74
  The Nature and Art of Workmanship 73-74

Q

Quioto, Japão:
  jardim Ryoan-ji Zen 136-137
  Santuário Helan 108
quiromancia 42-43

R

Ramón y Cajal, Santiago 92
Read, Herbert 128-129
realidade da arte 138-141
realidade da imaginação 135-138
Rembrandt van Rijn 87
  Autorretrato 87

Renoir, Jean 16-17
    My Life and My Films 115-116
Renzo Piano Building Workshop 70, *70*
resistência 114-117
retórica 45-46
Rietveld, Gerrit Thomas *61*
Rilke, Rainer Maria 21-22, 29-31, *32*, 123-124
Rockhill, Dan 67-69
Rodin, Auguste 29-30, 109
    A Catedral 144
    A Porta do Inferno 32
    O Beijo 32
Rorty, Richard 27
Rushdie, Salman 19-20, 128-129

S

Saarinen, Eero *61*
Santa Maria del Fiore, Florença 67-68
Santuário Helan, Quioto, Japão *108*
sapateiro 52-53
Sapir, Edward 45-46
Sartre, Jean-Paul 13-16, 82-83, 87, 130-132, 139-140, 149
sawatari-ishi 108
Seção Áurea 115-116
Sennett, Richard 54-55, 80-81
    The Craftsman 53-54
Serres, Michel 22-23, 50
Shakespeare, William 121-122
silhuetas 40-41
simbolismo 40-43, 138-140
Siza, Álvaro 16-17
sobreposição de mãos 41-42
Sonck, Lars 62-63, *62-63*
Spälteholz, Werner
    Hand Atlas of Human Anatomy 34
Stevens, Wallace 13-14
Stravinsky, Igor 115-116
Studio 804 68-69

T

Tampere, Finlândia
    Catedral 62-63
    Igreja de Kaleva 75
Tapper, Kain *48*, 58-59, *59-60*
Tarkovsky, Andrey 83-84, 139-140
    Nostalgia 139-140
    Stalker 141-143
tatilidade do desenho 93-98
tato 102-104
    inconsciente na experiência da arte 103-106
tatuagens 42-43
tédio 80-84
teoria e execução, oposição entre 147-151
Thackeray, William 82-83
Ticiano
    O Esfolamento de Mársias 141-143
Tintoretto 139-140
Tomlinson, Charles 95-96
trabalho artesanal
    arquitetura como 66-70
    com segurança 73
    de risco 73, 74, *74*
trabalho artesanal em colaboração 61-66
trabalho do pensamento 110-115
trabalhos manuais 32
tradição 114-117
Twombly, Cy 97-98

U

Universidade de Jyväskylä 62-63

V

Valéry, Paul 118-119
    O Poder dos Limites 115-116
valor da incerteza 110-115
valores táteis 105-106
van den Berg, J.H. 23-24
van Eyck, Aldo 117-118

van Gogh, Vincent 85-86, 94-95, 141-143
    Oliveiras em Montmajour 95-96
Venini 65-66, *66-67*
Vermeer
    Vista de Delft 31
vidro veneziano 65-66, *66*
Viena: Kärtner Bar 38-39
Vitrúvio
    De architectura libri decem 66-67
Vuoksenniska, Imatra, Finlândia: Igreja das Três Cruzes *72*, *100*, 101-102
Vygotsky, Lev 37-38

W

Washburn, Sherwood 36-37
Weil, Mark 80-81
Weinberg, Steven 121-122
Weltinnenraum 21-22
West, Mark *82*
Whitman, Walt 149
Williams, David Lewis
    The Mind in the Cave 38-39
Wilson, Frank R.
    The Hand 33-35
Wirkkala, Tapio 50, 56-59, *57-58*, *60-61*, 65-66, 69
    prato Coreano 66-67
    Redemoinho 58-59
Wittgenstein, Ludwig 13-14, 127, 149
Wogenscky, André 28
Wright, Frank Lloyd *117*, 117-118

X

Xivaísmo 41-42

Z

Zambelli, Matteo
    Você é Mais de Um (2006) 10
Zumthor, Peter 117-118